竞争政策与法律文库

黄勇 总主编

专著系列

江山 主编

第三方支付行业反垄断法律规制研究

Application of Anti-monopoly Laws in Regulation of Third-party Payments

杨利华 著

法律出版社
LAW PRESS·CHINA
北京

图书在版编目(CIP)数据

第三方支付行业反垄断法律规制研究 / 杨利华著
. -- 北京 : 法律出版社, 2022
ISBN 978 - 7 - 5197 - 4826 - 5

Ⅰ. ①第… Ⅱ. ①杨… Ⅲ. ①电子商务 - 第三方支付 - 电子支付 - 反垄断法 - 研究 - 中国 Ⅳ. ①D922.294.4

中国版本图书馆 CIP 数据核字(2020)第 151892 号

第三方支付行业反垄断法律规制研究
DISANFANG ZHIFU HANGYE FANLONGDUAN FALÜ GUIZHI YANJIU

杨利华 著

策划编辑 沈小英
责任编辑 刘晓萌
装帧设计 李 瞻

出版发行 法律出版社
编辑统筹 法治与经济出版分社
责任校对 王晓萍
责任印制 吕亚莉
经　　销 新华书店

开本 710 毫米×1000 毫米 1/16
印张 12 **字数** 227 千
版本 2022 年 1 月第 1 版
印次 2022 年 1 月第 1 次印刷
印刷 北京虎彩文化传播有限公司

地址:北京市丰台区莲花池西里 7 号(100073)
网址:www.lawpress.com.cn
投稿邮箱:info@lawpress.com.cn
举报盗版邮箱:jbwq@lawpress.com.cn

销售电话:010 - 83938349
客服电话:010 - 83938350
咨询电话:010 - 63939796

书号:ISBN 978 - 7 - 5197 - 4826 - 5　　**定价**:76.00 元

凡购买本社图书,如有印装错误,我社负责退换。电话:010 - 83938349

竞始择
争而和

总　序

时至今日，市场经济成为现代国家经济发展模式的最优选择，已是共识。市场经济是主要通过市场来配置资源的经济运行机制，即经济生活中“生产什么”“如何生产”“为谁生产”等问题交由市场决定。市场经济条件下，由竞争所形成的资源相对价格承载着某一资源相对于其他资源的稀缺程度信息，而市场参与者依据该信息便可掌握相关市场的竞争态势，并作出相应的资源配置决策，从而大大降低信息成本和交易成本。与此同时，市场参与者不仅要受到竞争约束，而且要受到产权约束，从而极大降低了监督成本。正因如此，市场经济成为一种静态和动态资源配置效率兼具的经济制度。倘若不建立这样的制度，社会资源配置就缺乏可靠的指引，经济资源也就无法得到有效配置。因而市场经济成为各国发展经济的不二选择，我国也不例外。党的十四大确立“建设社会主义市场经济体制”目标、1993年“市场经济”入宪，宣示我国开启了经济建设的新模式。

市场经济要求市场在资源配置中起决定性作用，竞争是市场的核心机制。没有竞争，也就无所谓市场，更遑论市场经济。政策文件、法律文本上的“市场经济”，并不必然意味着市场或竞争能够在现实的资源配置中发挥积极作用。对于尚处于转型期的中国来说，计划经济体制下长官意志、行政命令和对产业政策的深度路径依赖并未完全消除，仍残留在经济政策制定的过程之中,或隐或显地影响或干扰着经济运行,其典型体现便是坊间所称的“行政垄断”。这不仅戕害市场公平竞争,也损害市场运行效率和政府威信。与此同时,竞争的自我毁坏性在我国市场经济运行中也不可避免。如何有效规制垄断便成为市场经济运行中不可回避的话题。1993 年出台的《反不正当竞争法》和 2007 年颁布的《反垄断法》相继成为我国打击垄断、保护竞争的法制支撑,在矫正竞争扭曲行为、维护市场竞争秩序方面发挥了不容忽视的效用,但在我国改革进入深水区之时面临包括体制、机制在内的诸多束缚和挑战。显然,这已不是反垄断法所能承载之重,需将竞争政策与法律置于中国全面深化改革的时代大背景之下整体考量、全面筹划。

在中国,自古以来改革绝非易事,当代经济改革更是一件宏大的历史叙事。对内改革、对外开放,是 40 多年来经济建设不变的主题。众所周知,改革就会向旧体制“宣战”,更会触动某些利益集团或群体的“奶酪”,从而使改革困难重重。拿出“壮士断腕”的勇气和魄力,不是套话而是改革浪潮中决策者的真实呼唤与深情呐喊。因此,在经济改革进程中,导入竞争机制,将计划经济体制遗留下来的那只踩住市场“无形之手”的政府“有形之脚”驱离,还以市场经济之应有活力,其难度可想而知!改革尚未完成,法治仍需努力!唯有通过改革,方能不断巩固和强化市场机制,以及竞争在资源配置和国民经济运行中的决定性作用。“使市场在资源配置中起决定性作用和更好发挥政府作用,必须以保护产权、维护契约、统一市场、平等交换、公平竞争、有效监管为基本导向,完善社会主义市场经济法律制度”,不仅是政策表达,更是经济改革的制度诉求。其核心,是促进市场竞争的政策选择与法律治理问题。对学者来说,是挑战,更是机遇。

在欧美成熟市场经济法域,丰富的反垄断理论学说与实践经验的积累,源自制度与市场长时期的共同演进。而在中国,反垄断法诞生伊始就面临着浓缩的改革大时代和迭代的经济新潮流,既要夯实制度基础、因应改革变局,又要立足理论前沿、迎接未知未来。为此,与之相关的竞争政策与立法的基础性、系统性和前沿性、开创性的研究都亟待充实。当前,竞争政策与法律所处的宏观环境是动态的。正推进着的全面深化改革战略,不仅从制度层面上不断改变着现行的制度与规范体系,更改变着制度所处的环境,需要研究动态之下的制度把握与应用。唯有宏观把握竞争政策与产业政策作为经济发展政策工具选择的优劣、消长,方能从容布划,为经济改革的路径选择、制度设计和政策制定建言献策。与此同时,反垄断法的不确定性也呼唤理论与实践的深化。这种不确定性由多种因素促成，既有规范文字的原则抽象，也有垄断行为的千变万化，更有市场情势的瞬息万变。也正是因为这种不确定性，使反垄断法适用极具技术性、专业性，无论是具体实务还是理论探讨，无不需要跨领域、跨学科的多角度、多层次深入思考、比较分析、潜心研究，借鉴和汲取域外有益经验，总结和归纳国内反垄断实践之得失。竞争政策与反垄断法不是停留在政策与法律文本的字里行间，而是要落地、生根，在政策实施与法律适用中方能获得生命。脱离实际、远离中国市场竞争的竞争政策与法律研究注定是灰色的。该领域的研究不仅要着眼于竞争政策与反垄断法深层次的理论追寻，更要善于把握现实中的实践需求，如当下的公平竞争审查、执法机制与程序完善、创新与反垄断等问题，深入挖掘、扎实研究，小心求证、谨慎结论。唯有如此，竞争政策与法律研究在中国方可开花、结果。

对外经济贸易大学竞争法中心是为回应我国《反垄断法》制定和实施需求、推动竞争法律与政策研究、加强对外学术交流与合作而成立的校级研究机构。自成立以来，始终以“竞始择，争而和”为情怀，以推动和引领中国竞争法研究为己任，通过举办国际性论坛、系列讲座和提供咨询服务等多种形式，构建良好的学术研究平台，开展前沿性研究、培养竞争法人才，服务国家与社会。百舸争流，奋楫者先。为进一步推动中国竞争政策与法律研究的发展，中心拟举惠园之力、聚全国竞争法同人之智识，组织出版《竞争政策与法律文库》，以共襄中国竞争法治之盛事。文库设专著系列、译著系列、案例系列、文集系列，是法律出版社与对外经济贸易大学竞争法中心共同打造的学术品牌。中心将秉持开放包容之胸怀、恪守择优务实之原则，认真对待每一位竞争法志士的优秀作品。期待您的大作！

*

2016年10月6日

* 对外经济贸易大学竞争法中心主任，教授、博士研究生导师。

序　言

党的十九届四中全会通过《中共中央关于坚持和完善中国特色社会主义制度　推进国家治理体系和治理能力现代化若干重大问题的决定》，提出"强化竞争政策基础地位"，这是竞争政策基础地位得以确立的重要标志。竞争政策的基础地位，不仅是要体现在纲领性文件中，更是要落实在市场经济运行中，即通过竞争政策限制不公平的产业政策，打破利益固化藩篱，从而实现全面深化改革和全面依法治国的有机统一。

竞争政策的基础性地位在金融行业中也不例外。在金融行业中改变产业政策占据主导地位的局面，使竞争政策居于基础性地位，才能让市场机制更好地发挥作用，从而真正提高金融市场的效率。但是，金融行业长期由产业政策和政府干预主导，这种局面并非一朝一夕能改变，所以需要理论界与实务界共同努力，推动金融行业的反垄断。

我们看到，包括第三方支付在内的中国数字经济的异军突起是完全市场的力量，是创新的结果。它按照市场规则、国际规则，在当时国内诸多政策限制的夹缝中诞生，填补了传统金融行业忽视的普惠金融市场和消费者需求，并在十几年间发展壮大。当第三方支付壮大的时候，我们的政策目标不应当是打压，而应当关注在电子支付领域如何处理好政府和市场的关系。事实上，每个国家金融行业都存在或多或少的管制，但如果始终处于公权力过大、私权力没有到位的过程，行业的发展就是不健康甚至是有些病态的，必须强化竞争政策基础地位，坚持市场化、规则化、法治化的发展。另外，在目前的国际大环境下，经济下行会给我们带来很大的困惑和不确定性，我们容易依照惯性思维强调安全、稳定，采取管制而非市场的手段处理问题。事实上，越是如此，我国第三方支付的发展越应该具有全球化视野，越要继续彰显竞争政策的基础地位，通过反垄断、公平竞争审查制度和私权保护法律制度来促进金融市场健康发展，发挥政府中性监管作用，使我们的第三方支付产业以及数字经济突破牢笼，依靠技术和创新应对国际化竞争的挑战。

中国反垄断法的发展，有赖于有志中青年学者推陈出新的研究。杨利华博士多年来专心致志，潜心学问，坚持在西部高校从事金融法与反垄断法的理论研究，尽其所能，探求真知，先后主持参与了多项相关课题研究，积累了深厚的专业知识和丰富的科研经验，是较早对第三方支付行业的垄断问题展开深入研究的学者，本书更是其专注于该行业领域而形成的系统性研究成果，相信会对反垄断法研究领域的拓展有所裨益。

2021 年 8 月 13 日

Contents

目录

导　论

一、研究目的

20世纪90年代末，随着电子商务的迅速发展，互联网技术不断运用于支付领域，零售支付体系呈现出电子化的趋势。在电子支付发展进程中，第三方支付企业作为一种非银行金融机构在零售支付体系中扮演了越来越重要的角色。① 1998年，国内成立了最早的第三方支付企业——首信易支付，并于1999年3月开始运行，实现了银行卡在线交易的多功能网上支付服务。② 2000年诞生了上海环迅支付，提供在线支付、电话支付、银行卡支付等线上、线下电子支付服务。2002年3月，中国银联成立，解决了多银行接口承接的问题，为第三方支付企业开展银行间的接口与通道服务提供了重要保障。③同年，又诞生了银联在线支付，成为首个具有金融级预授权担保交易功能、全面支持所有类型银联卡的集成化、综合性网上支付平台。2003年淘宝网推出了其支付服务系统——支付宝，并于2004年将支付宝从淘宝网分离出来，使其成为专业的第三方支付服务机构。随

---

①　参见蒋先玲、徐晓兰：《第三方支付态势与监管：自互联网金融观察》，载《改革》2014年第6期。

②　参见周元英：《中国"第三方支付"亟待产业整合》，载《上海信息化》2011年第3期。

③　参见章政、田侃主编：《中国信用发展报告(2014～2015)》，社会科学文献出版社2015年版，第201页。

后，通融通公司推出易宝(YeePay)电子支付平台，云网推出企业级网上支付系统支付@网；网银在线携手维萨(Visa)国际组织推出“验证服务”信用卡安全支付标准；贝宝公司(Paypal)推出“贝宝”。[①] 此后，越来越多的企业涉足第三方支付服务领域，包括一些成熟的互联网企业也不断进入第三方支付市场。

目前，第三方支付服务模式较为单一，产品同质化严重，产业内部企业间竞争日趋激烈。同时，由于第三方支付行业双边市场和间接网络外部性的特点，其行业的市场集中度越来越高，形成了竞争性垄断市场结构。市场中一些具有先发优势的企业已经具备稳定的客户基础并且占据着大部分市场份额，如支付宝、财付通。而其他第三方支付企业在剩余的市场份额中进行着激烈的竞争。市场垄断格局的形成，不利于维护市场的有序竞争。同时，第三方支付市场属于典型的双边市场，支付企业在解决双边用户平台参与问题时，采取了不同于单边市场特征企业的定价、投资和竞争策略，其中存在“免费策略—用户基础—价格歧视”的商业模式，用免费策略吸引用户达到临界规模，形成赖以存在的用户基础，再通过网络外部性增强用户价值，将用户锁定在平台上，然后通过价格歧视来实现最大化利润。[②] 在这一商业模式下，经常会产生第三方支付平台企业的反竞争行为。

第三方支付企业采取的竞争策略和竞争性垄断市场结构的特点使市场中出现了许多新的竞争问题。2007 年支付宝对淘宝以外的商家收取服务费，对其关联公司淘宝账户和非淘宝账户作出了价格歧视。2011 年支付宝收购安卡支付是第三方支付行业的首次并购行为，第三方支付领域内开始出现收购兼并的行业趋势。此后 2014 年又出现打车软件市场上的恶性竞争，该事件的背后是支付宝钱包与微信支付在移动支付市场上的争夺。此外，传统支付行业中的银行卡组织及银行也对第三方支付企业采取抵制的策略，进一步使第三方支付市场上的竞争问题复杂化，如 2013 年银联封杀支付宝线下支付业务的行为在社会引发广泛的争议，被指违反公平竞争，涉嫌垄断；2015 年中、农、工、建四家国有商业银行相继下调支付宝快捷支付额度等。与此同时，国外第三方支付领域也不断出现垄断案件的调查，如欧盟委员会对欧盟电子支付委员会互联网支付

① 参见陈嫒嫒：《国内在线支付的发展状况与存在问题的分析》，载《商场现代化》2006 年第 3 期。

② 参见傅瑜：《中国电子商务平台缘何超越国际巨头——C2C 双边市场的中国模》，载《国际经贸探索》2012 年第 9 期。

标准化过程展开的反垄断调查,美国贝宝(Paypal)也不断受到反垄断执法机构的调查。这些事件折射出第三方支付市场上的竞争乱象。

从法律规制现状来看,我国已经制定了相关的政策及法律规范对第三方支付进行行业监管。第三方支付不断触及传统银行卡支付利益,原有银联及其成员之间出于对自身既有利益的维护,积极寻求金融监管保护,第三方支付遂被纳入正式的金融监管制度。2010 年 6 月,中国人民银行出台《非金融机构支付服务管理办法》整顿第三方支付市场。在此之后,相继向符合规定的企业颁发了支付许可证。第三方支付牌照的发放,标志着第三方支付正式进入了我国支付体系的监管阶段,国家开始重视第三方支付的监管及制度规范。此后,从国务院 107 号文、中国人民银行 5 号文,到中国人民银行暂停二维码支付及虚拟信用卡、79 号文暂停新增银行卡收单业务,再到中国人民银行和银监会联合下发的 10 号文,第三方支付的行业监管日趋严格。基于金融安全理念设置市场准入及其他管制政策和措施也抑制了行业竞争。支付市场准入制度,造成了市场进入壁垒,并且进一步加剧了市场集中程度。

目前,这些复杂的竞争问题尚未引起学界和监管者的重视,第三方支付行业的反垄断法律规制实践与理论均显不足。第三方支付企业是一种新型的平台型中间组织形态,基于传统经济、社会现实而生成的法律制度在调整这种新型网络经济组织形态时,就必然要面临种种新问题和新挑战。特别是,建立在单边市场基础上的传统反垄断法理论在分析第三方支付行业中的竞争问题存在局限性。事实上,无论是掠夺性定价还是超高定价,还是搭售与捆绑,均与传统的单边市场中的有所不同,竞争法传统上的规制方法是否仍然可以适用以及如何适用,都是需要解决的问题。

传统的反垄断法理论及研究方法是在传统经济学的支撑下得出的结论,当面对新兴的经济组织形态时,则存在不足。第三方支付企业的平台型组织形态和支付市场本身的经济特点,使传统的反垄断法学理论和分析方法遇到挑战。第三方支付平台具有很强的间接网络外部性,在市场竞争中的策略不同于传统单边市场中的策略。目前,反垄断法理论是针对传统单边市场中的企业而制定的,对于具有双边市场特征的平台型企业,如果依照建立在单边市场基础上的反垄断理论判断,就会造成偏差或失误。这就需要从第三方支付行业的运行模式出发分析其行业特点,找出传统反垄断法理论分析工具和方法运用于第三方支付行业时所产生的困境。然后,再通过对传统反垄断理论分析工具和方法进行适当改进,以适用于第三方支付行业的反垄断规制。本书运用平台经济学的双边市场、价格结构非中性、间接网络外部性和需求互补性等理论，对第三方支付产业的竞争问题与反垄断规制问题进行研究，以完善传统的反垄断法理论及分析工具。从而为第三方支付行业排除和限制竞争行为的研究提供新的研究思路，以期使反垄断法在第三方支付领域内的研究取得新的进展。

我国第三方支付行业发展的历史非常短暂，目前正处于快速发展时期，电子商务市场发展的内在需求能够成为第三方支付行业发展的动力，然而，行业发展更需要有效的制度供给作为支撑。但是，我国第三方支付相关立法较为滞后，特别是在反垄断法领域，对于第三方支付行业的反竞争行为规制并无特别性规定。现有第三方支付行业竞争相关问题规定主要零星散见于一些部门法规和规章，仍然与其他单边市场的行业一样适用《反垄断法》。然而，平台型产业较为特殊，其反垄断法规制难度较大，市场结构与垄断地位、滥用市场势力、掠夺性定价、垄断协议等是第三方支付产业反垄断法规制过程中亟须解决的问题，在双边市场条件下，都需要《反垄断法》作出相应的调整。本书通过结合第三方支付行业的特点，分析第三方支付行业运行机制和竞争策略行为，探讨规制第三方支付行业竞争问题的路径和方法，并从操作层面提出合理性建议，为第三方支付行业反垄断案件的处理或者第三方支付行业及相近似的其他平台型经济的反垄断指南提供参考。

二、研究综述

(一)国外研究

国外研究对平台型经济及双边市场中的竞争法问题关注较多，并且又将双边市场划分为不同的市场进行细分研究，如操作系统、搜索引擎、银行卡产业等领域的研究。因此，国外的研究主要集中在平台型经济理论的研究和支付市场上竞争法律问题的研究。

1. 第三方支付平台型经济理论研究

国外有关第三方支付的概念尚未形成一致的结论。斯沃特曼(Paula M. C. Swatman，1998 年)认为，第三方支付是新兴概念，特别是在其发展迅速的初期，很难确切地界定其概念，他将互联网支付系统宽泛的定义为，能够通过互联网将金融交易安全地从一个组织或个人转移到另一个组织或个人的传统或新兴的支付系统。[①] 索金(David Sorkin,2001 年)认为,在互联网支付中通常都要求有第三方支付平台作为一个交易中介。支付交易中介平台可以和买方与卖方之间签订。在某些时候,一方甚至可能没有意识到该支付中介平台的存在。[②] 温斯顿(Andrew Whinston,2004 年)认为,信任第三方支付为买方和卖方之间的网上交易提供安全的支付转移,并在买卖双方之间建立信用机制。[③]

第三方支付行业属于平台型经济,第三方支付企业被认为是一种平台型企业,具有双边市场的特点,双边市场的理论适用于第三方支付企业。关于双边市场的特点在国外研究中已经取得了相对成熟的研究。斯里兰姆(Sriram,2015 年)认为,平台是能促进两组用户之间相互作用的中介组织,其中的一组用户的决定会通过直接或间接外部性影响另外一组用户。[④] 罗歇和梯若尔(Rochet&Tirole,2003 年)假设了具有网络外部性的市场是双边或多边市场。在具有网络外部性的双边市场中,平台能够在发生交易的不同用户之间采取有效的交叉补贴。平台的交易量或者利润不仅取决于支付给交易各方的总价格,而且取决于分别在两边市场中的价格。[⑤] 埃文斯(Evans,2003 年)认为,在双边市场中存在彼此需求的两组消费者,两组消费者数量的增多会增加彼此之间的价值,服务于双边市场的企业扮演了市场交易匹配者的角色,从而将两组消费者吸引到平台上。平台提供的产品或服务被两组消费者联合消费。双边市场的基本特征是正外部性的存在和仅凭两组消费者自身交易无法内部化这种外部性,而平台企业则会使这种外部性内部化。[⑥] 阿姆斯特朗(Armstrong,2005 年)认为,在双边市场上,两组消费者可以通过中介组织或者平台产生相互作用;在平台两边存在网

---

① See Tae-Hwan Shorn, Paula M. C., "Swatman Identifying Effectiveness Criteria for Internet Payment Systems", *Internet Research Electronic Networking Applications & Policy* 8(3), 1998, p. 203.

② See David E. Sorkin, "Payment Methods for Consumer-to-Consumer Online Transactions", *Akron L. Rev* 35, 2001, pp. 9 – 10.

③ See Hu X, Lin Z, Whinston A B, et al., "Hope or Hype: On the Viability of Escrow Services as Trust ed Third Parties in Online Auction Environments", *Information Systems Research* 15(3), 2004, pp. 237 – 238.

④ See S. Sriram, Puneet Manchanda, Mercedes Esteban-Bravo, Junhong Chu, Liye Ma, Minjae Song, Scott Shriver and Upender Subramanian, "Platforms: A Multiplicity of Research Opportunities", *Marketing Letters* 26, 2015, pp. 141 – 152.

⑤ See Jean-Charles Rochet, Jean Tirole, "Platform Competition in Two-Sided Markets", *Journal of the European Economic Association*1(4), 2003, p. 1018.

⑥ See David S. Evans, "The Antitrust economics of Two-Sided Markets", *Yale Journal on Regulation* 20(3), 2003, pp. 236 – 237.

络外部效应，一组消费者的利益取决于平台所能吸引到的另外一组消费者的多少。[①] 双边市场的网络外部性特征被许多学者指出并研究。卡茨和夏卜尔（Katz&Shapiro，1985 年）认为，"网络外部性"是指某个产品对一组消费者的价值随着消费该产品或服务的另一组消费者数量的增加而增加。[②] 埃文斯（Evans，2003 年）将网络外部性区分为直接网络外部性和间接网络外部性。罗歇和梯若尔（Rochet & Tirole，2004 年）又将间接网络外部性分为"成员外部性"和"使用外部性"。[③]

2. 第三方支付竞争法规制理论研究

支付市场被认为是一种多边市场，支付市场中的竞争法规制问题要放置在双边市场的框架下进行分析。经济合作与发展组织竞争委员会在 2012 年"竞争与支付系统"的会议中总结指出，在支付体系中的多边市场平台上，反竞争的协议和行为影响着不同市场中的主体，包括消费者、商户和银行。当评估一个反竞争行为时，要考虑该行为对不同消费群体的影响。由于会存在对不同几个市场之间的影响，所以这种评估是非常复杂的，即使会对一个市场中的消费者存在潜在的利益，但是可能会给另外一边市场的消费者带来损失。竞争规则应该将支付市场上的进入壁垒最小化，或者消除市场中的限制竞争的行为，如附加费规则。竞争执法部门应该了解新技术带来的变化，并且迅速地界定和处理其中可能出现的竞争问题。[④]

基于双边市场不同于单边市场的特性，学者对由于这种不同带来的反垄断问题进行了研究。埃文斯（Evans，2003 年）较早地考察了双边市场中的反垄断问题，认为双边市场不同于传统的单边市场，有其自身的特点：平台对市场两边制定的价格没有遵循边际成本；对两边市场分别采取不对称的价格以实现其自身利润最大化；应综合考虑平台定价水平、定价结构以及双边用户的参与规模

① See Mark Armstrong, "Competition in Two-sided Markets", *Mimeo. University College*, 2005, pp. 1 - 32.

② See Michael L. Katz, Carl Shapiro, "Network Externalities, Competition, and Compatibility", *The American Economic Review* 75(3), 1985, p. 424.

③ See Rochet, J. C. and J. Tirole, "Two-sided Market: An Overview", *IDEI University of Toulouse Working Paper*, 2004, p. 5.

④ See OECD, "Competition and Payment Systems DAF/COMP", http://www.oecd.org/competition/PaymentSystems2012.pdf, July 18, 2016.

来进行福利分析。① 相关市场的界定是包括第三方支付在内的许多平台型产业的一个难点。埃文斯(Evans,2003 年)认为,在双边市场上以反垄断为目的仅仅从平台的一边市场去界定相关市场将导致相关市场界定过窄。赖特(Wright,2004 年)将双边市场划分为双边交易型市场和双边非交易型市场。在非交易的双边市场中,需要界定两个相关联的市场;在交易型的双边市场中则只需要界定一个相关市场。② 针对第三方支付行业的相关市场界定,经济合作与发展组织竞争委员会(2012 年)指出,竞争执法当局首先考虑的就是协议或行为影响的相关市场。在支付产业中相关市场的界定涉及了多边平台问题。③ 要考虑该产业的自身特征,并全面理解在这个市场上的功能特征。宋珉哉(Song,2013 年)认为双边市场中的合并比单边市场中的反竞争效果要小得多,并且甚至能提升福利。④

有关双边市场中市场结构问题,许多学者认为集中比完全竞争更有效率。集中并非一定会导致低效率,在垄断的市场结构中中介企业的利润会更大,同时,用户的剩余利益会更好地受到保护。阿瑟(1998 年)指出市场存在"选择优势",如果一种技术在市场中领先,就可能形成垄断力量。⑤ 卡约和朱利安(Caillaud & Jullien,2003 年)认为,在位企业可以通过向用户收取交易费而不收取注册费的方法阻止市场进入,在平台上的进入和退出都是没有障碍的。⑥ 格思里和赖特(2003 年)认为,平台竞争可能会降低价格结构的效率和福利影响。在某些情况下,如果能保证支付平台的利润固定,那么平台竞争通常只会改变市场两端的价格结构。从垄断到竞争非但没有好处,还可能对社会总福利造成损害。然而,更一般的情况下,如果利润不受限制,当总价格下降的影响超过价格结构变动的影响时,竞争就可能会提高福利。⑦

---

① 参见吴汉洪、孟剑:《双边市场理论与应用述评》,载《中国人民大学学报》2013 年第 3 期。

② 参见黄勇、申耘宇:《论互联网反垄断民事诉讼的多重功能》,载《法律适用》2014 年第 7 期。

③ See OECD, "Competition and Payment Systems DAF/COMP", http://www.oecd.org/competition/PaymentSystems2012.pdf, July, 18, 2016.

④ See Song M., "Estimating Platform Market Power in Two-Sided Markets with an Application to Magazine Advertising", *Working Paper*, 2013.

⑤ 参见[美]W.布莱恩·阿瑟:《经济中的正反馈》,载《经济社会体制比较》1998 年第 6 期。

⑥ See Caillaud, B. and B. Jullien, "Chicken and Egg: Competition among Intermediation Service Providers", *Rand Journal of Economics* 34(2), 2003, pp. 309–329.

⑦ 参见容玲:《第三方支付平台定价策略研究——基于双边市场视角》,载《新金融》2012 年第 6 期。

对于掠夺性定价行为，卡约和朱利安（Caillaud & Jullien，2003 年）认为，在中介平台市场中，采取分而治之的定价策略，对市场的一边进行补贴，而依靠另外一边市场上来赚取利润。但同时指出中介平台定价行为对交易量的潜在影响还需要进一步研究。① 赖特（Wright，2004 年）认为，在双边市场中一边市场的价格与成本之间没有太大关系，价格可以脱离边际成本，因此，对一边市场采取低于成本的价格（表现为免费或者补贴），并不能认定为反垄断法上的掠夺性定价。更有学者认为，对一边市场采取低于边际成本的价格是双边市场利润最大化的策略。阿姆斯特朗（Armstrong，2006 年）认为，间接网络外部性使双边市场的均衡价格通常与边际成本之间存在差异。② 罗歇和梯若尔（Rochet & Tirole，2003 年）考察了双边市场中的需求弹性对平台定价的影响，认为在垄断市场结构下，平台对需求弹性大的一边市场会制定较高的价格，需求弹性较小的一边制定的价格也较低。③ 卡约和朱利安（Caillaud & Jullien，2002 年）研究了双边市场中的交叉补贴策略，并认为对不同的用户群体应采取不同的价格。④

传统反垄断法所禁止的搭售在双边市场情况下也有新的解释。杜贝（Dubé，2010 年）研究了双边市场中的捆绑行为，认为在交叉网络效应下能导致市场集中的显著增加。⑤ 罗歇和梯若尔（Rochet & Tirole，2003 年）分析了支付产业中的搭售，认为通过捆绑搭售两个市场上的产品或服务，平台能够更好地平衡两个市场中的价格，可以带来社会福利的增加。朱利安（Jullien，2006 年）认为，搭售能够解决由于双边市场特性所带来的协调失败问题，使用户均衡参与双边市场。⑥ 皮尔（Choi，2007 年）认为，双边市场中搭售与用户的多归属成

① See Mark Armstrong, "Competition in Two-sided Markets", *Mimeo. University College*, 2005, pp. 1 – 32.

② 参见熊艳：《产业组织的双边市场理论——一个文献综述》，载《中南财经政法大学学报》2010 年第 7 期。

③ See Rochet, J. C. and J. Tirole, "Two-sided Market: An Overview", *IDEI University of Toulouse Working Paper*, 2004, p. 5.

④ See Caillaud, B. and B. Jullien, "Chicken and Egg: Competition among Intermediation Service Providers", *Rand Journal of Economics* 34(2), 2003, pp. 309 – 329.

⑤ See Dubé, Jean-Pierre H., Günter J. Hitsch, and Pradeep K. Chintagunta, "Tipping and Concentration in Markets with Indirect Network Effects", *Marketing Science* 29(2), 2010, pp. 216 – 249.

⑥ 参见岳中刚：《双边市场的定价策略及反垄断问题研究》，载《财经问题研究》2006 年第 8 期。

正比例关系,会提高社会福利。①

(二)国内研究

由于我国第三方支付是新兴产业,相关研究起步较晚。国内对第三方支付的研究主要集中于第三方支付的运营模式、第三方支付平台的技术及安全、电子商务与第三方支付以及两者的关系、第三方支付的定价机制及竞争策略、第三方支付与银行的竞争与合作关系、第三方支付行业中存在的风险以及金融监管、第三方支付中的法律问题等方面。而有关第三方支付竞争法律问题鲜有研究。目前,还没有直接从反垄断法的角度对第三方支付进行研究的成果。在相关法律文献阅读中,仅查阅到马永保(2014 年)在其博士学位论文《第三方互联网支付经济法规制研究》第四章论述了第三方支付反垄断法问题,指出双边市场理论是第三方支付行业反垄断法规制的理论基础,并具体对第三方支付产业市场支配地位的认定、掠夺性定价、搭售等问题进行研究,提出反垄断法规制方法。虽然尚未有直接的研究成果,但是现有分散在经济学、电子支付和法学等学科领域的一些相关研究,也对本书的研究起到了很重要的启发作用。

关于第三方支付概念、平台经济属性及行业模式的研究。"第三方支付"这一概念由马云在 2005 年于瑞士达沃斯世界经济论坛上首次提出后,不少学者对第三方支付(周涛和鲁耀斌,2008 年)、第三方支付平台(李育林,2009 年)、第三方支付产业(任曙明,2013 年)的概念进行了分析和界定。第三方支付具有平台经济的属性,有间接网络外部性、定价结构非中性和需求互补性的特征(张花妮,2011 年)。对于第三方支付行业模式,谢琳和卢建军(2003 年)对第三方支付平台的安全性进行分析,并介绍了第三方支付平台的支付流程;董仁涛(2006 年)和陈力行(2006 年)等就第三方支付的运作机理进行分析,阐述了其具体的商业模式。而有关平台型经济,徐晋(2007 年)系统地研究了平台型经济的基本理论问题;双边市场理论的研究中,陈宏民、胥莉(2007 年)阐述了双边市场产业对平台竞争策略、定价策略等问题;程贵孙、陈宏民和孙武军(2006 年)则从双边市场交叉网络外部性的角度,分析了两边用户之间所具有的依赖性;黄民礼(2007 年)也从交叉网络外部性界定了双边市场,指出平台的双边市场特性。

关于第三方支付金融监管的研究。目前,我国第三方支付金融监管领域的

① See Choi,Jay Pil,"Tying in Two-Sided Markets with Multi-Homing",*CESifo Working Paper*,2007.

研究成果较多,主要集中在消费者保护、金融创新与风险、监管方式、监管框架等制度完善方面。在互联网金融兴起的背景下,我国第三方支付创新加速向资金配置等金融领域渗透,对现行监管框架提出了挑战(蒋先玲,2014 年)。巴曙松和杨彪(2012 年)在国际比较的基础上提出应从立法、分类、规范方面完善我国第三方支付监管,并且应建立相对灵活的备付金监管制度。第三方支付的监管政策也在随着其发展历程逐步地演进和完善,不过却难免具有滞后性(韩国红,2013 年)。所以,需要对相关的法律制度进行适时创新(黎四奇,2012 年)。同时,也有不少学者从互联网金融的角度提出了第三方支付的监管。徐孟洲(2015 年)提出互联网金融要改变监管理念,应采取宽松监管的理念,鼓励自律监管。在监管方式上,也要采用大数据等技术手段加以更新。但不能过于强调互联网金融监管的特殊性,应对整个金融监管体系反思,而不是对互联网金融单独立法(时建中,2015 年)。

关于第三方支付竞争法规制的研究。目前,我国有关第三方支付行业的竞争法规制还没有直接的研究成果,但是不少学界专家已经提出了该问题,并阐述了相应的观点,主要散见于一些会议演讲。目前,我国的第三方支付市场呈现寡头垄断格局,并可能在今后很长一段时间内维持高寡头状态(高琦,2013 年)。第三方支付行业以创新为驱动力,行业具有充分的自我调节能力,对市场中的反垄断问题应该持审慎的态度(黄勇,2012 年)。应以"促进竞争"范式来规制互联网金融的风险,即应契合与金融市场内生的交易形态,通过提高市场透明度和降低准入壁垒,来促进竞争(杨东,2015 年)。应从双边市场理论的角度出发,对市场支配地位的认定、掠夺性定价、搭售等问题进行研究(马永保,2014 年)。容玲(2012 年)基于双边市场的视角对第三方支付平台定价策略进行研究,认为在垄断第三方支付市场结构下,支付平台可以对消费者实行低于边际成本,甚至为负或零的定价。商海岩、张松松(2013 年)通过指标分析法为三方支付定价中的外部性和高寡头垄断特性问题提出解决方案。此外,有不少学者研究了与第三方支付相关的互联网领域的反垄断。王晓晔(2012 年)认为,外部效应导致互联网市场的寡头垄断,但是由于快速创新,垄断企业也能感受潜在的竞争,这都导致在位企业的市场支配地位是不稳定的。在双边市场上,传统的支配地位界定方法即 SSNIP 测试法不起作用(许光耀,2014 年)。

总之,国外学者较早研究了第三方支付的相关问题,但直接针对第三方支付的研究较少,更多的研究集中在双边市场特征下竞争规制理论问题。国内学术界对第三方支付研究主要集中在经济学领域,在法学领域的研究则集中于金融法领域。而与竞争相关的问题多为经济学对第三方支付行业市场结构的分析以及在此基础上的竞争策略研究，较少具体涉及垄断行为的研究，法学领域中还尚未对反垄断行为规制作系统性研究。目前，虽然一些学界专家已经提出了该问题，并阐述了相应的观点，但主要散见于一些会议演讲，还没有形成直接的研究成果。

三、主要研究内容

本书在竞争法律关系框架下，以竞争为逻辑起点，沿着“结构—行为”的进路，从逻辑到实证，从理论到实践，从理念到制度，在系统分析的基础上得出最终的结论。主要研究内容如下：

1. 双边市场理论和网络外部性理论在分析第三方支付行业竞争问题中具有重要影响。对相关市场的界定要考虑网络外部性的影响。在运用传统相关市场的界定方法时，要考虑第三方支付平台两边市场之间所产生的正反馈效应。特别是以价格为基础的分析方法来分析竞争约束、界定相关市场时，要进行正反馈效应分析；对一边提高价格或者在任何另一边从事策略时，所受到的竞争约束直接或间接来自竞争平台的任何一边或者所有各边；间接网络效应也能限制供应边替代性和增加多边平台的进入壁垒。

间接网络外部性与动态竞争是经营者集中竞争效果评估的影响因素。网络外部性对第三方支付平台采取的涨价策略会有影响。对第三方支付经营者集中的分析要考虑平台两边之间的需求依赖，也要考虑市场动态竞争的特征。技术创新导致企业的垄断地位可能是暂时性的，即使企业并购获得了市场支配地位甚至独占的地位，但是由于其他企业新产品的出现，而难于维持长时间的支配地位。这在一定程度上削弱了第三方支付企业并购的反竞争影响。

2. 第三方支付相关产品市场的界定应该从产品用途的角度分析，通过对基础交易的场景划分来界定相关市场。在传统商品和服务交易场景中，线上支付与线下支付不具有可替代性，二者分属于不同的相关市场。在电子商务交易环境下，按照服务对象不同，又可以分为 B2B、B2C、C2C 等市场，在判断相关市场时，应考虑消费边不同用户来考察对支付方式的需求。在 B2C 和 C2C 市场中，所有线上线下电子支付产品，包括网上银行支付、互联网支付、移动支付、销售终端（point of sale，POS）服务等都应该是处于一个相关市场。在 B2B 市场中，主要采取银行网上跨行转账，以及少量第三方互联网支付，而其他的支付方式，如移动支付、销售终端(POS)支付几乎不使用,那么这些支付产品的替代性很小,并不能划分为同一个相关市场。

3. 第三方支付企业市场支配地位认定中,应对综合性标准进行内部调整,在运用传统的结构标准的同时,重视非结构标准以及其他相关因素。在第三方支付行业中,界定市场支配地位没有必要引入动态竞争理论,不应否定市场份额的重要性。除了市场份额之外,还应该考虑网络外部效应、行业管制等市场进入壁垒因素。同时,也应考虑来自纵向一体化中另外一个市场上市场优势地位的传导。

4. 第三方支付行业的捆绑、价格歧视等滥用行为经常发生在纵向一体化的条件下。第三方支付平台与电子商务平台捆绑可以在杠杆作用下传递市场力量,产生"两重独占"。具有市场优势的捆绑平台利用网络效应和正反馈机制以及用户黏性,或者通过规模经济,不但使潜在竞争者进入市场难度加大,而且使现有竞争者生存十分困难。同时,也可以利用捆绑销售来实行价格歧视。第三方支付企业基于对其关联关系企业的偏袒,往往容易对与关联关系形成竞争的企业实施价格歧视行为,这些纵向价格歧视行为对下游企业所在市场竞争的损害明显,并且有可能降低终端消费者的利益。由于纵向一体化有其自身的经济效益,因而,对第三方支付纵向一体化中所采取的捆绑行为和价格歧视行为进行反垄断法规制时,还要考虑其带来的效率,可以采取柔性的规制机制。

5. 第三方支付行业的特殊性增加了在市场中垄断协议分析的复杂性和难度。第三方支付行业属于新兴的网络产业,其经济规律不同于传统产业经济规律,第三方支付行业中出现的垄断协议有别于传统垄断协议,所以不能用以往的、既定的产业标准来衡量垄断协议。第三方支付行业的垄断协议既可能促进经济效率,也可能阻碍经济效率。即便是横向垄断协议不一定会损害社会福利,也不能简单地加以规制,必须全面考虑其对市场效率的影响,需要用合理原则进行灵活的分析。同时,第三方支付一体化经营模式使处于上下游之间的经营者之间更容易达成一致的意思表示,发生协同行为,并且交流方式和协同形式更为隐蔽。

6. 第三方支付横向集中的竞争效果,主要考虑同质产品市场上经营者集中带来的单边效应:并购后的企业扩大了市场份额,获取了更多市场的业务,在没有进入新企业的情况下,其他的非合并企业也会跟随合并后的企业提高产品价格,造成支付产品价格的上涨。而此时,协同效应也不足以抵消这种单边效应。这种合并是有损于市场竞争的。第三方支付平台企业通过并购以后获得市场支配地位后仍然可以像传统行业那样来提高价格水平。通常是保持一边市场价格不变而提高另一边市场价格。同时,提高价格的方法决定第三方支付是否能够成功补偿低价期间的损失并获取垄断利润。第三方支付平台企业可以通过只提高交易费而不增加注册费的方式来达到其提高价格获取利润的目的。

第三方支付纵向合并中可以将其市场力量传导到第三方支付市场,也可能会产生潜在的封锁效果。但是,由于纵向合并首先是提高效率,因此,要对纵向集中进行竞争效果分析。在第三方支付市场上具有市场支配地位后,并不一定会实施反竞争行为,还应结合滥用行为来进行分析。

四、研究方法

本书遵循现实依据、理论支撑、行为分析、制度规制的逻辑展开,结合国内外的案例、详细的统计数据作出深入和细致的研究。综合运用以下研究方法:

1. 经济分析方法。反垄断法理论的根源和基础是经济学,涉及反垄断法的分析中,离不开经济学的分析工具和方法。针对第三方支付平台经济的属性,本书主要采取了平台经济学的分析工具和方法。从理论支撑的角度出发,关注近些年经济学领域出现的新理论和新问题,阐释了平台经济学理论以及其在第三方支付行业竞争分析中的应用,以双边市场及网络外部性理论为分析工具,探求第三方支付反竞争行为中的一些特殊问题,为第三方支付竞争法分析的理论基础。例如,运用平台经济双边市场理论中的价格结构非中性、间接网络外部性和需求互补性等理论对第三方支付行业反垄断法规制问题进行研究,补充和修正了基于单边市场的传统反垄断法理论分析中的不足。

2. 实证分析方法。实证分析方法是法学研究中的重要的研究方法,特别是竞争法律问题的研究离不开司法实践的支持,通过案例实证研究更是反垄断法中经常采用的研究方法,不仅解决具体案例中的竞争法问题,并且支撑了研究中形成的理论成果。本书从实证的角度研究了第三方支付行业的运行基础,通过纵向产业关系和横向市场细分两个方面分析了第三方支付行业,并在此基础上分析了第三方支付市场的竞争格局;以问题主义为导向,研究第三方支付行业内最具争议的前沿问题,结合行业中的热点行为和典型案件,分析第三方支付行业中的交换费协议、联合抵制交易的行为、标准化支付协议、纵向一体化模式下关联竞争中的纵向协议等问题,作为理论研究结论的支撑。

3. 比较研究方法。各国反垄断法的理论和实践均有所差异,反垄断法规制的具体制度和方法也有所不同。第三方支付作为一个新兴行业,竞争问题凸显。国内学术界和实务界虽然对第三方支付的行业监管问题有所研究,但从竞争法领域的关注较少。我国在第三方支付行业中的竞争法研究不多,而国外对支付行业及互联网行业的研究相对成熟,对这些经济学理论观点和反垄断执法实践中的工具和方法进行客观分析,可为我国第三方支付行业反垄断提供可资借鉴的经验和做法。一方面,对国外反垄断经济学领域中成熟的经济学理论进行借鉴;另一方面,选取国外典型的案例作为研究素材,进行比较分析,借鉴在反垄断执法实践中的经济分析工具和方法。

第一章　第三方支付行业的竞争与反垄断法保护

与传统的电子支付服务不同，第三方支付发轫于电子商务环境，除利用了超越时空的互联网传输方式之外，也能在交易双方中产生一定的信用担保作用。① 第三方支付行业因此也具有其自身的行业特征和运营机理，形成了特殊的产业链和细分市场，从而导致了第三方支付市场中存在较为复杂的竞争关系。而这些市场竞争关系的分析是研究第三方支付行业反垄断法问题的现实基础。

第一节　第三方支付行业概述

第三方支付的相关概念众多，在实务中相近似或类似的称谓包括有电子支付、互联网支付、在线支付、线下支付、移动支付等，初见难于分辨；并且在理论研究中第三方支付的称谓所包含的意义也有所不同，将第三方支付、第三方支付平台、第三方支付企业、第三方支付行业均简单地指称为第三方支付，故应先对这些概念进行厘定和明确。

---

① 参见付俊平：《第三方支付对网上银行业务发展的影响探析》，载《金融理论与实践》2012 年第 10 期。

一、第三方支付

从支付的历史发展来看，人类支付经历了商品支付、信用支付、非现金支付、无纸化电子支付的过程。电子支付是指单位或个人通过电子支付终端，直接或者间接向银行业金融机构发出支付指令，最终实现货币支付与资金转移的行为。[①] 传统电子支付是依靠实体的支付终端完成的，随着互联网通信技术的应用，在电子支付中出现了与传统利用物理媒介支付不同的互联网支付，被称为线上支付，而传统利用实体支付终端的支付方式被称为线下支付。线上支付和线下支付的划分是以是否存在实体的支付终端为标准的。线下支付主要依托于电子支付终端，可以界定为以卡基类实体支付为基础的支付市场，包括销售终端（POS 机）收单、电话支付、手机卡支付等。而线上支付则依托于互联网技术，利用个人账户和密码进行支付，包括互联网支付、手机网页（WAP）支付。[②] 事实上，线上支付和线下支付的概念是针对电子支付来划分的，不是针对第三方支付划分的。所谓第三方支付，是指由非银行业金融机构为资金结算需求的收款方与付款方之间提供在线货币支付、货币资金转移、资金结算的一种电子支付。[③] 第三方支付区别于传统电子支付的是其服务提供商主要为非银行业金融机构。无论是电子支付的线上支付还是线下支付，第三方支付均已涉足。

第三方支付包括互联网支付、移动支付、银行卡收单、预付卡的发行与受理等货币资金转移服务。根据《支付机构互联网支付业务风险防范指引》的规定，互联网支付是指客户通过计算机等设备依托互联网发起支付指令实现货币资金转移的行为。根据《非金融机构支付服务管理办法》的规定，第三方支付的银行卡收单是指通过销售终端（POS 机）等为银行卡特约商户代收货币资金的行为。移动支付是指交易双方通过移动终端设备，借助无线网络（包括移动通信

---

① 参见周曙东：《电子商务概论》，东南大学出版社 2011 年版，第 139 页。

② WAP 是手机网页，实际上是手机网页支付。例如，通过手机上网登录 wap. taobao. com 或 m. taobao. com，在淘宝 WAP 站点拍下商品后，可以使用支付宝进行付款操作。

③ 根据《非金融机构支付服务管理办法》的规定，非金融机构支付服务是指非金融机构在收付款人之间作为中介机构提供部分或全部的货币资金转移服务，包括网络支付、预付卡的发行与受理、银行卡收单以及中国人民银行确定的其他支付服务。

网络和广域网)实现资金从支付方到接收方转移的一种支付方式。[①] 预付卡支付是指以营利为目的对外发行,用于消费者使用其购买商品或服务,并对其预付价值进行提前支付,在实际消费时出示消费凭证。[②]

二、第三方支付企业

从法学研究范畴来看,企业是从组织角度出发的,第三方支付是一种支付服务而非组织,因而两者不能混为一谈。目前,许多研究中用第三方支付服务指代了第三方支付企业。李育林(2009 年)认为,第三方支付是独立于买方与卖方之外,以其自身的信誉进行担保,提供与银行支付结算系统接口和通道服务,从而实现资金转移和支付结算服务的中介机构。[③] 谭卡吉(2012 年)认为,第三方支付是连接买卖双方、电子商务平台和银行,充当支付服务中介,为商户和消费者提供支付服务,实现网上交易的资金划拨。[④] 中国电子商务协会对"第三方支付"也进行了较为严格的定义:第三方支付是指独立于电子商务商户和银行,为商户和消费者提供支付服务的机构。[⑤] 此外,也有不少研究将第三方支付定义为了一种平台,王哲、周均旭(2011 年)认为,第三方支付是具备一定实力和信誉保障的第三方支付服务商通过与商业银行合作提供的与银行支付结算系统衔接的交易支持平台。[⑥] 陈曙光(2008 年)认为,所谓"第三方支付平台",就是指非银行的第三方机构投资运营的网上支付平台。[⑦] 这些研究中所指的第三方支付实际上是指代了第三方支付企业,也包括将第三方支付指代为第三方支付平台,事实上,这里的平台也指第三方支付企业。平台是从物理角度出发,企业是从组织形态出发。本书在经济理论属性上用平台进行分析,在行业主体角度采取企业进行展开。

---

① 参见吕复星:《移动支付与第三方支付市场业务多元化发展战略》,载《特区经济》2014 年第 1 期。

② 参见许明、王珊珊:《第三方支付市场发展与监管问题研究》,载《人民论坛》2013 年第 2 期。

③ 参见李育林:《第三方支付作用机理的经济学分析》,载《商业经济与管理》2009 年第 4 期。

④ 参见谭卡吉:《第三方支付发展现状与问题研究》,载《金融与经济》2012 年第 4 期。

⑤ 参见中国电子商务协会:《第三方电子支付探索与实践》,中国标准出版社 2008 年版,第 10 页。

⑥ 参见王哲、周均旭:《我国第三方支付的发展现状与对策研究》,载《改革与战略》2011 年第 8 期。

⑦ 参见陈曙光:《国内外第三方电子支付平台的应用与比较》,载《金华职业技术学院学报》2008 年第 8 期。

通过现有研究的总结,第三方支付企业是指从事第三方支付服务的非银行业金融机构,是在电子支付市场中提供中介支付服务,为商家、消费者和银行之间提供统一的支付接口的平台。① 我国首家第三方支付企业——首信易诞生后,作为第三方网上支付中介服务平台为在线交易提供网络支付服务。随着电子商务的不断发展,第三方支付出现了担保交易模式,进而在电子商务活动中解决了信任缺失问题,第三方支付产业也由此迅速崛起。2011 年 5 月,中国人民银行首批发布支付牌照 269 张,在行业不断竞争发展过程中,一些有支付牌照的企业被注销资格,截至 2019 年 8 月,有 238 家企业拥有第三方支付牌照,这其中既包括支付宝、财付通、易宝支付等全国性第三方支付企业,也有一些规模较小的地方第三方支付企业。

目前,第三方支付企业主要分为两类:一类是以中国银联、支付宝、财付通、杉德等为代表的非独立支付企业;另一类是以快钱、汇付天下、易宝支付、环迅支付等为代表的,完全独立于电子商务网站的独立型第三方支付企业。经营内容主要包括互联网支付、移动电话支付、预付卡发行与受理、银行卡收单、固定电话支付、数字电视支付等。第三方支付企业的业务类型共有 382 种,其中排前四位的业务类型分布如下:141 家获得预付卡发行与受理资质,110 家获得具有全国范围内开展互联网支付业务的资质,62 家获得银行卡收单资质,48 家获得移动电话支付资质,这四种业务资质累计占据总数的比例约为 95%。第三方支付行业的地域分布较为集中,截至 2019 年 8 月,中国第三方支付企业主要位于华东地区和华北地区,占比分别为 38.24% 和 25.63%;其次是华南地区,占比为 18.49%。第三方支付企业分布于 28 个省市,集中分布在北上广等经济较为发达的地区,北京市 49 家,上海市 46 家,广东省 31 家,三地区合计占比例 52.94%。②

三、第三方支付行业

第三方支付行业是以第三方支付企业为核心,从事第三方支付服务的行业。第三方支付行业发展之初多是通过信用担保向消费者和商家提供资金的

① 参见盛敏、余寅君、迟飞:《我国中间支付市场发展研究综述》,载《中国城市经济》2010 年第 8 期。

② 参见《2019 年第三方支付行业市场现状和发展趋势》,载企业观察网:http://www.cneo.com.cn/article-143815-1.html,2019 年 12 月 6 日最后访问。

支付通道,这通常需要在第三方支付产业链中其他多个上下游环节相互协作下才能为用户完成最终的电子支付服务。因此,在第三方支付产业中存在以第三方支付企业、网络支付清算平台、银行、电子商务企业、通信服务商等为纵向关系的产业链,这个产业链中是以第三方支付企业为中介支付平台连接商户和消费者两边市场进行支付服务,网联清算公司连接第三方支付平台和银行完成转接清算,通信服务商提供技术支持的多主体协同运行体系。第三方支付最初是在电子商务场景下与商业银行采取直连模式,通过提供支付接口实现与商业银行对接。网联清算公司成立后,所有网络支付业务需全部通过网联平台采取间联模式转接清算。第三方支付行业有线上和线下两个支付场景为商户和消费者解决支付服务需求。支付是金融的基础功能,第三方支付是互联网金融体系的基础服务。第三方支付行业既是独立的运行系统,同时也是互联网金融体系不可或缺的一部分,它在整个互联网金融乃至经济社会体系中都扮演着重要的角色。

第三方支付行业在我国已有 20 余年的发展历程,一直呈现快速增长的趋势,其支付方式及应用领域不断地拓展与创新,第三方支付的交易规模不断扩大。根据艾瑞咨询数据,2019 年上半年,中国第三方互联网支付交易规模约 12.9 万亿元,第三方移动支付交易规模约 110.4 万亿元。随着用户移动支付习惯的建立以及移动支付场景覆盖率的不断提高,我国移动支付市场交易规模进入稳步增长阶段。① 账户侧(发卡行、支付宝等)、收单侧(拉卡拉、随行付等)、转接侧(银联、网联)在移动支付的大潮下协同升级发展,共同促进第三方支付规模快速增长。

经过 20 多年的发展,中国第三方支付行业发展势头迅猛,已经成为中国互联网经济中不可或缺的支撑力量。无论是支付交易完成数量还是金额都在持续增长,②支付方式也从互联网端向移动端迁移。2013 年之前,第三方支付行业主要以互联网支付为主;2013 年之后,互联网技术的迅速发展和智能手机普及催生了移动支付的发展。移动支付迅猛发展一方面是由于互联网支付的电脑端(PC)用户规模转移至移动端,另一方面是扫码支付、近场支付(NFC)等线下支付方式的用户规模不断增加。特别是在 2016 年春节微信红包的带动下,

---

① 参见艾瑞咨询:《中国第三方支付行业数据发布报告 2019H1》。

② 参见章政、田侃主编:《中国信用发展报告(2014 ~ 2015)》,社会科学文献出版社 2015 年版,第 201 页。

移动端的转账支付使移动支付规模不断增长。此后互联网支付的占比逐年缩小,而移动支付的占比逐年提升。

第三方支付行业从线上向线下扩展,加剧了各支付企业在传统行业及互联网金融领域的创新发展。行业中上下游企业合作更加紧密,在支付产业链上各项服务不断延伸拓展。线上线下的融合催生聚合支付收单业务,整个产业链规模逐步增大,增值服务不断增多。从发展趋势看,随着第三方支付介入金融业务的广度和深度的增加,除了提供支付中介服务外,也逐渐开放支付业务的增值服务,向证券、基金、保险等行业渗透,金融化趋势明显,支付创新层出不穷。① 以销售终端(POS机)贷款、供应链融资等为代表的支付业务的增值服务将成为第三方支付创新发展的竞争焦点。② 在支付国际化新常态下,跨境支付也已成为一种新的刚性需求,中国支付企业的全球市场份额将逐步增加。

随着第三方支付机构的发展壮大和业务规模的持续增长,第三方支付行业的金融监管也迈向正规化。金融监管机构对第三方支付行业陆续采取管制措施以规范行业行为,促进市场的健康有序发展。这些监管的领域主要包括了支付牌照的合规、备付金、实名制以及反洗钱等。日益严格的政策监管和技术的不断创新促使第三方支付市场日益规范。

第二节　第三方支付行业运行及竞争格局分析

一、第三方支付行业商业模式

电子商务活动最大的优势在于信息搜集和交易的低成本以及交易的跨越时空限制,③而第三方支付作为解决电子商务交易资金流的一个渠道,必然也要符合电子商务这样的需求而产生并存在。第三方支付的商业模式中,贯穿着信用担保、支付中介等运行机理。

(一)第三方支付服务模式

根据第三方支付行业发展的不同阶段和第三方支付具备的不同功能,主要

---

① 参见蒋先玲、徐晓兰:《第三方支付态势与监管:自互联网金融观察》,载《改革》2014年第6期。

② 参见李东荣主编:《中国互联网金融发展报告》(2015),社会科学文献出版社2015年版,第6页。

③ 参见李育林:《第三方支付作用机理的经济学分析》,载《商业经济与管理》2009年第4期。

存在三种服务模式：支付网关模式、信用中介模式以及便捷支付模式。

早期的第三方支付主要有支付网关和信用担保两种运营模式。支付网关模式又分为独立于电子商务平台的和依附于电子商务平台的两种模式。独立型支付网关模式中，支付网关作为银行和签约商户之间的一个通道，消费者通过第三方支付平台付款给商户，而第三方支付企业为商户提供一个可以兼容多家银行支付方式的统一接口平台。① 支付平台负责与各银行之间进行资金清算，同时为商户提供订单管理及账户查询等功能。以快钱、首信易支付、易宝支付为代表。依附型网关模式是由电子商务平台建立起来的支付网关。这类支付网站最初是为了满足自身配送商品和实时支付而研发搭建的，逐步扩展到提供专业化的支付产品服务。② 这一类型的第三方支付既服务于所隶属的电子商务网站，又服务于与之有竞争关系的其他电子商务平台，所以会造成其他电子商务企业的排斥。

信用担保的第三方支付是指买卖双方在网上达成商品交易协议后，买方使用第三方中介提供的账户进行货款支付，货款暂时由第三方中介保管，待第三方通知卖家发货并且买方检查货品无误后，买方将通知第三方中介进行付款，货款将由第三方中介的账户转移到卖方账户，则整个交易完成。在这一支付过程中，第三方支付平台在其中不仅起到了中介的作用，而且对整个交易过程进行了适当管理。现在，第三方支付平台不仅能支持实物交易，还能支持水、电、暖的缴费、票务订购等电子交易。盈利方式主要是收取店铺费、商品登录费、交易服务费等。

以手机支付为代表的移动支付是一种新兴模式。随着移动通信网络技术的发展，智能手机以及金融 IC 卡的出现，移动支付在第三方支付中扮演着越来越重要的角色。③ 移动支付模式是采用移动终端进行资金转移和支付的一种电子支付方式。移动支付方式的参与者主要包括支付服务商、第三方移动支付服务提供商、移动运营商、设备提供商、应用提供商以及终端用户。其中，移动支付服务平台是核心，移动运营商、金融机构、第三方支付服务提供商都可以充当

---

① 参见林丹、张睦晗：《简析第三方支付企业的商业模式、营销模式、运行模式的解析》，载《商业文化》2011 年第 4 期。

② 参见陈曙光：《国内外第三方电子支付平台的应用与比较》，载《金华职业技术学院学报》2008 年第 8 期。

③ 参见吕复星：《移动支付与第三方支付市场业务多元化发展战略》，载《特区经济》2014 年第 1 期。

移动支付服务平台运营商这个角色，是主要参与竞争的主体，它们之间的竞争合作关系决定了移动支付的运营模式和发展方向。①

（二）第三方支付行业的运行机理

第三方支付的运作机理是本着效率、便捷性、信用担保性、中介性、安全性等展开的。最早的第三方支付是单纯的支付网络模式，主要是应电子商务的效率需求而产生的。电子商务交易发生在互联网上，互联网的即时性和虚拟空间使得商品的交易迅速发生并且要求资金转移也迅速完成，因而出现了有别于传统物理介质的第三方支付方式。第三方支付的出现降低了交易成本、缩短了商品流通时间。第三方支付平台前端连接着商户和消费者群体，中间通过网联清算平台连接着商业银行进行资金的支付清算。② 通过第三方支付可以保证支付资金结算的迅速完成，与电子商务交易的效率要求是一致的。此外，在第三方支付平台上集聚了大量的用户，并可以通过与网联清算平台对接多家商业银行，用户可通过第三方支付直接完成银行资金的转移，方便了不同的用户选择，节约了银行单独办理个人业务的成本，因此，为消费者带来便捷性的同时，也为银行节省了成本，提高了效率。特别是，依附型第三方支付本身产生之初就是为了方便消费者，实现商品交易中实时支付的。

虽然电子商务交易比传统交易更为高效、便捷，但是交易中所蕴藏的风险也超越了传统交易中所常见的风险。比如，道德风险现象较为突出。当卖方发货后，由于处于信息劣势，卖方无法准确和完全地监督买方的行为，当买方有意拒付货款或者退货时，就有可能出现道德风险。为了防范由于不对称信息而产生的道德风险，③就在电子商务中引入独立于买卖双方的第三方支付。第三方支付处于居中地位，与买卖双方都没有利益上的联系，建立了交易信用关系，为电子商务买卖双方交易提供信用保障。买方在网上选购商品后，使用第三方平台提供的账户进行货款支付，第三方在收到代为保管的货款后，通知卖方收到货款要求发货；卖方发货后，买方收到货物确认后，第三方支付平台将其款项转划至卖家账户上。同时，在电子商务中买卖商家和消费者之间存在信息不对称

---

① 参见王缓缓、杨东、胡斌：《移动支付价值链竞合策略的博弈分析》，载《武汉理工大学学报》（信息与管理工程版）2013 年第 6 期。

② 参见陈曙光：《国内外第三方电子支付平台的应用与比较》，载《金华职业技术学院学报》2008 年第 8 期。

③ 参见李育林：《第三方支付作用机理的经济学分析》，载《商业经济与管理》2009 年第 4 期。

的情形,[①]当货物不符合消费者购买意愿或者商家的欺诈行为出现时,消费者的利益要求得到保护,第三方支付作为独立于买卖双方的信用中介,可以对交易和退货过程进行约束和监督从而消除由于买卖双方不对称信息而产生的信用风险。此时,第三方支付不但提供了资金结算的服务,而且充当了信用担保角色。

第三方支付的商业模式中,贯穿着效率、便捷、信用担保、支付中介等运行机理。效率是从银行的角度;便捷性是从消费者的角度;信用担保是从商户和消费者之间来考虑;中介性既是指商户和消费者之间也是指银行和支付者之间。通过这些运行机理,第三方支付增强了交易双方的相互信任程度,推动了电子商务的快速持续发展。

因此,第三方支付服务可描述为一种信用中介服务、一种支付托管行为,其运作实质是通过在买卖双方之间设立一个中间过渡账户,使汇款资金实现可控性。这种第三方中介的形式以及先发货后付款的流程设计,突破了网上支付服务发展的制约"瓶颈":最初解决了电子商务小额支付下由于银行卡不一致所导致的货款转账不便的问题,也大大降低了由于信息不对称所导致的互联网交易的欺诈风险,充分保障了消费者的合法权益,促进了支付行业的健康发展。[②]

(三)第三方支付的盈利模式

在电子支付发展的不同阶段,第三方电子支付所采取的营销策略并不相同。在第三方支付出现的早期,企业主要在商户一边展开竞争,营销模式主要集中在对商户的争夺。其产品策略主要是提供同质化产品,以网关型支付模式为主。在定价方面,企业多采用低价优惠来吸引商户,企业间的竞争多为价格战。随着支付市场的逐渐成熟,第三方支付企业的营销策略也发生变化。这个时期,企业以产品和服务差异化为竞争策略,通过不断创新支付产品并发展和维护新用户来实现支付平台的规模化。信用型支付和手机支付等模式开始出现,企业不再以单纯的价格战来争取商户。随着电子商务的愈加成熟,第三方支付企业单纯依靠收取支付服务手续费无法维持其的盈利状态,趋于同质化的支付产品很难使之获得竞争优势,因此第三方支付企业逐渐增加其在金融增值服务方面的比重,通过提供各种增值服务,获得交易规模。

---

① 参见邱甲贤:《中国第三方支付存在的经济学分析》,载《电子商务》2007 年第 7 期。

② 参见任曙明、张静、赵立强:《第三方支付产业的内涵、特征与分类》,载《商业研究》2013 年第 3 期。

虽然第三方支付行业中存在不同的运营模式，但其盈利模式却大体相同，主要依赖于收取年服务费和交易手续费。[①] 第三方支付的直接服务的用户有两端：消费者和商户，支付企业主要采取对消费者服务免费，对商户收费的策略。而对商户，通常会采取两种收费制，商户在加入平台初始会一次性缴纳一个固定的费用，之后根据商户在支付平台上的交易量或营业收入按照一定比例收取另外的费用。早期第三方支付企业的盈利模式比较单一，主要依赖于交易手续费的收取，竞争也非常激烈。随着第三方支付行业的竞争和发展，不断创新、改变单一的盈利模式，从而提高了增值服务的能力。当前，金融增值服务已经成为第三方支付盈利的一个重要来源，如支付宝、财付通、汇付天下在内的多家公司获得了保险代销、基金销售的资格。

二、第三方支付纵向产业关系和横向市场细分

（一）第三方支付行业的纵向产业关系

1. 第三方支付产业链及构成

产业链是企业生产的产品或服务增值的环节或链条。[②] 在第三方支付行业中，包括了发卡机构、网联交换中心、互联网服务提供商、第三方支付企业、电子商务企业、商户和消费者等多个环节。目前，已经形成了由基础支付层、服务层和应用层组成的产业链。[③]

第三方支付产业的基础支付层本质是传统的电子支付。传统电子支付是发生在银行和银行卡组织之间的。支付是银行的中介服务，进入电子支付阶段，银行仍然是基础支付服务机构，搭建了基础的支付平台，并且由银行卡组织提供信息交换和资金清算。第三方支付出现后，承接了银行支付服务，是作为银行支付服务的一个延伸。因而，银行作为一个基础支付层，为第三方支付提供支付服务的接口，是第三方支付产业链中不可缺少的部分。但银行除作为第三方支付产业的基础层存在之外，自身也不断推出线上支付服务，直接通过网上银行开展业务，并且开通移动银行业务。在产业链上，银行除了是第三方支

---

① 参见林丹、张睦晗：《简析第三方支付企业的商业模式、营销模式、运行模式的解析》，载《商业文化》2011 年第 4 期。

② 参见王菲菲：《第三方支付产业价值链探析》，载《电子支付》2009 年第 1 期。

③ 参见杨国明：《网络支付产业链分析》，载《东南大学学报》（哲学社会科学版）2006 年第 6 期。

付企业的上游合作企业，同时也同第三方支付企业存在竞争。产业链的核心环节和重要纽带是中间层——第三方支付。第三方支付平台通过网联清算平台与银行间联对接，为商户和消费者提供支付接入服务。[①] 第三方支付的应用层是处于支付平台两端的用户和消费者。第三方支付产生之初主要应用于电子商务领域，为电子商务平台的交易提供了支付渠道，具体为电商平台的商户和消费者所使用，在电子商务交易过程中，完成交易资金的划拨和结转。随着第三方支付从最初线上电子商务领域延伸到当前教育、金融、公共事业、航空等线上线下全方位的多领域、多场景，特别是“线下消费＋线上支付”的模式日益被广大用户接受，应用层的范围和领域也不断扩大。

2. 第三方支付纵向产业关系

第三方支付企业需要在产业链的上下游环节中相互协作，才能最终为用户提供支付服务。在第三方支付纵向产业关系中，依据产业环节来划分，处于上游环节的是银行和网联清算平台，中游环节是第三方支付平台，下游环节的是电子商务平台。银行提供基础的电子支付服务，网联清算平台提供支付清算转接网关，第三方支付平台为电子商务企业等支付服务应用平台以及最终的商户和消费者提供支付服务。第三方支付纵向产业关系主要包括银行、网联清算平台与第三方支付企业的上下游关系，第三方支付企业与支付服务应用商、商户、消费者的上下游关系。

银行是从事电子支付服务的主要机构，传统电子支付业务主要由银行来完成，但是在出现电子商务领域的线上支付业务之后，由于银行以存贷为主营业务，对于中小商家的小额电子支付，银行的介入成本较高，因而需要非金融支付中介服务机构来合作完成。第三方支付平台与银行间的合作有直连模式和间联模式，在网联清算平台出现之前主要是直连模式，通过银联转接的间联模式较少。在直连模式中，第三方支付平台与银行合作为其提供统一接口的支付网关，银行也由此成为第三方支付的上游企业。由第三方支付平台负责向银行进行支付结算和信息传递，银行根据第三方支付的信息传递完成最终的资金划转。第三方支付企业在这一支付过程中是中间服务商，联结着银行与用户之间

---

① 参见高彩霞、杨国明：《第三方支付价值链及其引发的几点思考》，载《时代金融》2006 年第 5 期。

的资金。[①] 第三方支付企业必须与银行合作，才能最终为用户提供电子支付中介服务。第三方支付企业从事的业务最终都通过银行的支付网络完成。从某种意义上说，第三方支付平台是银行业务的延伸和拓展。在网联清算平台成立之后，在银行与第三方支付平台的支付清算产业关系中增加了非常重要的统一清算平台——网联清算平台，直联模式转变为间联模式。根据相关政策规定，[②] 第三方支付平台和银行都接入网联清算平台，所有网联支付业务都需要通过网联平台转接处理，网联清算平台也成了第三方支付行业中的上游企业。

在电子商务交易中存在三个环节，即商品流、信息流和资金流。第三方支付平台在电子商务交易中解决了资金流的传输，为消费者和商家提供资金的支付通道，并且担保交易资金安全。第三方支付平台支持我国国内各大银行发行的银行卡和国际信用卡组织发行的信用卡。消费者使用第三方支付进行支付，不需要和商家在相同的开户银行开设账号，可以直接通过第三方支付平台进行转账；而商户不需要分别和多家银行谈判、合作，由第三方支付企业通过接入网联清算平台与多家银行连接，降低了交易成本。[③] 没有第三方支付企业提供的支付服务，电子商务企业上的交易就无法完成最终的支付环节。因此，在第三方支付产业纵向关系中，电子商务企业是第三方支付企业的下游企业。随着第三方支付应用场景的不断扩展，特别是移动支付的广泛应用，在第三方支付行业中处于下游的企业的范围也不断扩大，从线上电子商务企业扩大到线下各类应用场景的支付服务应用企业。

（二）第三方支付横向市场细分

第三方支付在电子支付市场中可以从事线上的互联网支付，也可以从事线下支付。第三方支付起源于线上电子支付，主要是通过互联网提供网上资金转移服务，以虚拟网络作为支付结算的入口，通过第三方支付机构的账户登录支付网关来实现支付过程。[④] 第三方支付的线上支付服务主要依托无线网络

---

① 参见秦文瑞、苏小琳：《我国第三方支付与银行的关系探析——以支付宝为例》，载《技术与市场》2009 年第 9 期。

② 2017 年 8 月 4 日，中国人民银行支付结算司发布《关于将非银行支付机构网络支付业务由直连模式迁移至网联平台处理的通知》，规定支付机构受理的涉及银行账户的网络支付业务全部通过网联平台处理。

③ 参见王菲菲：《第三方支付产业价值链探析》，载《电子支付》2009 年第 1 期。

④ 参见盛敏、余寅君、迟飞：《我国中间支付市场发展研究综述》，载《中国城市经济》2010 年第 8 期。

(Wireless)、手机网络(WAP)等虚拟网络作为支付结算入口,包括互联网支付、手机WAP等。随着第三方支付的不断发展,逐渐由线上支付向线下电子支付扩张,除提供传统线上支付服务外,逐渐深入如移动支付、预付卡的发行与受理、销售终端(POS机)收单等线下支付领域。线下支付市场需要以独立的电子终端作为支付媒介,包括卡基类支付、电话支付、手机卡等;其中,预付卡既可以发行在线下使用,如百联卡;也可以发行在线上使用,支付宝发行的可以在线上直接使用的"支付宝预付卡"。

在线上支付市场中主要包括支付宝、中国银联电子商务、财付通、快钱、通联等第三方支付企业。第三方线下支付市场中存在发卡机构、区域性转接网络、终端服务机构。[①] 在发卡市场中主要是各商业银行及其他发卡组织,其中几家大的商业银行市场势力较强。在区域性转接网络方面,中国银联作为一家银行卡支付组织,负责建立和维护跨行信息交换网络,为成员机构提供信息交换、清算和结算等服务。[②] 网联清算公司作为网络支付服务的转接机构,主要处理非银行支付机构发起的涉及银行账户的网络支付业务,实现非银行支付机构及商业银行一点接入,提供公共、安全、高效、经济的交易信息转接和资金清算服务。[③] 在终端服务机构方面,市场具有政策开放性,主要是商业银行和专业化收单机构,市场竞争较为激烈。线下的第三方支付企业主要有"拉卡拉"、付费通、易付捷等。随着第三方支付的发展,线上支付与线下支付的市场边界逐渐融合。线下支付产品体系中也已纳入线上支付服务,如支付宝同拉卡拉合作实现"网络代购"业务。

三、第三方支付市场的竞争格局

第三方支付市场中主要存在第三方支付企业之间的竞争以及第三方支付企业与银行的竞争。

(一)第三方支付企业之间的竞争

在第三方支付行业中,第三方支付企业之间对上游和下游企业都存在竞

---

① 参见盛敏、余寅君、迟飞:《我国中间支付市场发展研究综述》,载《中国城市经济》2010年第8期。

② 参见谢凯:《POS支付和网上支付市场结构分析》,载《中国金融》2013年第11期。

③ 参见《网络清算有限公司的职责范围》,载网联清算有限公司网:https://www.nucc.com/about.html,2019年12月29日最后访问。

争,这种竞争分别表现为对支付需求方和支付供给方的竞争,具体的竞争表现为对商户和消费者的争夺以及对提供最终支付结算服务的商业银行等的争夺。

由于第三方支付产业的“规模经济”效应,扩大客户的规模,建立用户基础才能获得盈利可能。[①] 第三方支付企业之间竞争的一个重要内容就是客户基础和用户规模。第三方支付企业的支付服务产品普遍存在同质性,创新较少,其运营的模式也较为容易复制与替代。但竞争中用户规模优势非常突出,所以支付平台往往采取各种方法积极争取客户并且增加客户黏性。第三方支付企业之间的竞争目前较为激烈,不但在线上支付市场展开竞争,随着移动支付规模不断增长,在线下支付市场的竞争也越来越激烈。

在直连模式下,第三方支付服务的提供离不开与银行的合作。第三方支付网关连接了多家银行的内部网关,形成统一的支付接口,向在线商家提供服务,方便了商家和消费者同时利用多家银行进行支付,有利于吸引客户。第三方支付企业争取到的合作银行越多,就能争取到越多的商户和消费者,在同行业中的竞争力就越强。因此,对合作银行的竞争也是第三方支付企业之间竞争的内容。但是在当前网联清算平台转接的间联模式下,所有第三方支付企业只需接入网联清算平台,便可建立与银行间的资金通道,由网联清算平台完成转接清算,无须再与银行对接,同时费率也是统一的。因此,第三方支付企业在间联模式下再对银行展开竞争并无实际意义。

(二)第三方支付企业与银行的竞争

传统支付行业是以银行为核心运行的。第三方支付出现后,对传统的支付机构带来一定的冲击,与银行之间产生了竞争。银行既是第三方支付企业的合作对象,也是最大的竞争对手。两者之间的竞争目前主要反映在第三方支付企业对商业银行零售业务以及支付结算类中间业务上的竞争。

在零售电子支付服务领域,银行同第三方支付企业存在竞争。电子支付中的网上支付包括了网上银行支付和第三方支付。[②] 第三方支付主要在零售支付领域提供支付服务,服务对象主要是网络用户、手机用户、银行卡和预付卡持卡人等客户群体。商业银行在零售支付服务领域则凭借长期以来形成的网点优

---

① 参见杨国明、侯心媛:《第三方支付营销策略初探》,载《沈阳工程学院学报》(社会科学版)2006 年第 7 期。

② 参见林丹、张睦晗:《第三方支付企业的发展及其与银行关系分析》,载《中国市场》2011 年第 5 期。

势，依托传统客户群体，也服务于网络支付、固定电话支付、移动电话支付、销售终端交易、自动柜员交付中的用户，与第三方支付企业形成竞争。在线上市场中，第三方支付首先采取支付网关模式在个人与个人之间的电子商务（Consumer to Consumer，C2C）市场占据了优势，随后，银行也开始开展与中小商户直接相连的支付业务。在企业与企业之间的电子商务（Business to Business，B2B）或商家与个人之间的电子商务（Business to Consumer，B2C）领域，一些大型的生产商直接与银行合作。许多银行推出了B2B跨行支付服务，为电子商务企业提供支付服务。第三方支付企业也已开始争取原先属于网上银行直连的大客户。在B2C领域，商家可以采用第三方支付企业的服务，也可以直接连接网上银行支付网关。① 在线下市场中，银行卡收单、预付卡的发行和受理等领域都存在竞争关系。

第三方支付除了从事支付中介服务之外，也逐步开发了增值服务。这些增值服务与商业银行的零售业务形成了竞争。目前，第三方支付影响到的商业银行零售业务主要包括信用卡、个人信贷、代收代付、基金网络销售、应收账款融资中介、保理服务，以及与财资管理相关的流动资金管理解决方案等业务。② 如支付宝推出的余额宝，是一种无限额理财方式，本质上是购买货币基金，为客户提供了新的网上理财渠道。这种新型的理财方式冲击着银行业传统的理财业务。再如，支付宝推出的“虚拟信用卡”以及小微企业信用贷款等。第三方支付的这些增值业务都与银行形成了竞争。③

第三节　第三方支付行业的竞争问题及反垄断法规制

第三方支付行业的发展需要现有法律制度进行回应。目前，我国第三方支付行业的法律规制主要集中于行业监管，反垄断法规制不足。针对第三方支付行业中存在的诸多竞争问题，需要反垄断法介入进行规制，从而维护市场秩序，促进行业的发展。

---

① 参见高彩霞、杨国明：《第三方支付价值链及其引发的几点思考》，载《时代金融》2006年第5期。

② 参见巴曙松：《如何看待第三方支付业与商业银行的业务竞争与合作前景》，载新浪博客：http://blog.sina.com.cn/s/blog_43fbfcd60101abe6.html，2015年12月12日最后访问。

③ 参见高剑飞、郑喜喜、童国辉：《第三方支付平台对银行业的“利”与“弊”》，载《北方经济》2013年第8期。

一、第三方支付行业发展中出现的竞争问题

(一)传统银行业对第三方支付的联合抵制

银行作为第三方支付企业的上游企业,在支付市场中占据着天然的优势地位,在与第三方支付企业的竞争中常发生联合抵制行为。商业银行在与第三方支付企业合作的同时,在支付结算业务上也存在竞争,特别是第三方支付增值业务的不断创新,与商业银行原有的零售业务形成越来越大的竞争,因而,市场上也出现了商业银行对与其形成竞争的第三方支付企业进行联合抵制的行为。例如,由于支付宝的余额宝等互联网金融产品的创新触及了商业银行的利益,2015 年四大国有商业银行不约而同相继下调对支付宝快捷支付额度,涉嫌反垄断法中的联合抵制。

同时,中国银联作为银行卡组织,参与银行卡市场的组织与运营,在线下支付市场与第三方支付机构形成了利益冲突,实践中也不乏对第三方支付企业的抵制行为。银联为实现自身利益最大化,以行业组织文件的形式多次采取抵制第三方支付企业的行为。由于支付宝的线下收单业务绕开了银联通道,与银联的既得利益形成冲突,银联就利用其特殊的强势地位强制其他银行停止与第三方支付企业做线下业务,禁止这些银行与未接入银联的第三方支付机构直联,并对违反相关决议的成员银行进行处罚;同时也要求第三方支付机构对银联卡的互联网支付全面接入银联。这些行为都涉嫌利用垄断地位操控市场,这将阻碍支付市场的创新发展。①

(二)第三方支付行业寡头垄断格局的形成

我国第三方支付企业在地域及市场份额方面的发展并不均衡,呈现高度集中的特点。从地域看,大多数第三方支付企业分布在北京、上海、广州等经济发达的地区;从市场份额看,互联网支付和移动支付呈现寡头垄断格局,其他支付机构的集中度在不断提升。② 约 80% 以上的市场份额掌握在 5 家大企业手中,其中超过 60% 的市场份额集中在支付宝、财付通和银联电子商务 3 家行业巨头身上。

---

① 参见赵东东:《第三方支付市场需要公平竞争》,载《经济参考报》2013 年 8 月 29 日,第 2 版。

② 参见《2018 年中国第三方支付行业交易规模及市场格局分析》,载中国报告网:http://market.chinabaogao.com/it/02531Y952018.html,2018 年 6 月 29 日最后访问。

艾瑞咨询《2018中国第三方支付数据发布》中显示，2018年中国第三方互联网支付交易规模达到29.1万亿元，同比增长3.6%。从交易规模市场份额来看，随着2018年互联网支付市场支付宝、财付通从电脑端支付到移动端支付的转移，其他企业的市场份额比2017年有所提高，支付宝占比30.4%，财付通占比13.9%，银联电子商务占比18.6%，快钱占比10%，宝付占比6.1%，中金支付占比4.9%，易宝支付占比4.8%，京东支付占比4.5%，苏宁支付占比2.6%，其他占比4.2%。2018年中国第三方移动支付交易规模达到190.5万亿元，同比增速为58.4%。从交易规模的市场份额来看，支付宝钱包占据了54.3%的份额，财付通以39.2%位居第二，其他第三方移动支付品牌的份额则均低于2%。[①] 支付宝、财付通保持垄断地位。

在第三方支付市场中，存在明显的市场份额集中和利润分布不均的情况，市场上存在几个少数的主导者，占据着市场的主要份额，形成了寡头垄断的市场格局。

（三）第三方支付市场中的排除、限制竞争行为

第三方支付诞生于电子商务领域，第三方支付平台企业与电子商务企业多为关联关系，如支付宝与淘宝、京东与网银在线。由于这些具有纵向一体化的企业之间利益关系密切，在电子商务领域中的竞争也会影响到第三方支付市场上的竞争，限制竞争的行为会从电子商务市场传导到第三方支付市场。由于一些电商企业与淘宝存在竞争，所以拒绝同支付宝合作。例如，京东商城取消支付宝线上支付功能、百联集团旗下百联卡终止与支付宝的合作。同时，当企业选择支付宝服务时，支付宝会推荐淘宝产品与服务，用户有可能会因此而选择淘宝。这种竞争可以称为第三方支付的“关联竞争”。[②]

第三方支付企业的滥用行为也是市场中最为常见的反竞争行为。电子商务市场中具有寡头垄断地位的企业经常采取捆绑搭售的销售模式，如易贝（eBay）捆绑贝宝（PayPal）的行为。第三方支付企业对关联竞争企业实施的价格歧视行为实际上已经起到了排除和限制竞争的作用，如支付宝区别收费事件。垄断协议也是第三方支付市场中的一个重要的竞争问题，如欧盟电子支付标准反垄断案、第三方支付介入后的交换费协议问题。纵向的排他协议也存在

① 参见艾瑞咨询：《2018中国第三方支付数据发布》。

② 参见侯继勇：《第三方支付“关联竞争”之虞》，载《21世纪经济报道》2011年5月10日，第20版。

于市场中，如支付宝与天弘基金的独家合作协议，排斥了同其他竞争者之间的合作。此外，我国第三方支付行业实施市场准入制度，一些电子商务企业为了实现贸易的便利性，解决资金流的问题，会通过与现存第三方支付企业合并的方式进入第三方支付领域，如京东商城收购网银在线。这种纵向一体化经营模式下的合并，是否会产生经营者集中后的反竞争效果，也是需要关注的一些竞争问题。

二、第三方支付行业的反垄断法规制

博登海默认为，法律常常为经济力量所决定，甚至被征服，而且经济和法律秩序之间的关系是十分密切的。1890 年的谢尔曼法及其补充法律、1914 年的克莱顿法案，就是企求避免经济生活上的独占垄断的结果而惹起的后果。① 随着第三方支付行业的不断发展，对相关法律制度产生了更多需求，而这种需求促使了法律规制措施的出现。

（一）第三方支付行业法律规制现状

随着第三方支付行业的不断发展，产生了不少的问题，对相关的法律制度需求较多。目前，对第三方支付的法律规制主要集中在行业监管方面。

2005 年第三方支付的市场准入问题提上议程。中国人民银行颁布的《电子支付指引（第一号）》规范了网上支付的电子签名行为。但该指引适用于境内银行业金融机构，第三方支付公司并未被纳入规范对象。2010 年 6 月中国人民银行出台了部门规章《非金融机构支付服务管理办法》，并于 2010 年 12 月又颁布了《非金融机构支付服务管理办法实施细则》。此后，中国人民银行及相关监管机构又相继颁布了实施细则和一系列规范性文件。② 2015 年，中国人民银行发布《非银行支付机构网络支付业务管理办法》，完善支付机构分类监管措施及客

---

① 参见［美］博登海默：《法理学》，潘汉典译，法律出版社 2015 年版，第 191 页。

② 这些实施细则和规范性文件主要包括：《关于规范商业预付卡管理意见的通知》（2011 年 5 月）、《非金融机构支付服务业务系统检测认证管理规定》（2011 年 6 月）、《支付机构反洗钱和反恐怖融资管理办法》（2012 年 4 月）、《关于建立支付机构监管报告制度的通知》（2012 年 7 月）、《支付机构预付卡业务管理办法》（2012 年 9 月）、中国人民银行《关于进一步加强预付卡业务管理的通知》（2012 年 9 月）、《单用途商业预付卡管理办法（试行）》（2012 年 9 月）、《支付机构客户备付金存管办法》（2013 年 6 月）、《银行卡收单业务管理办法》（2013 年 7 月）、《涉及恐怖活动资产冻结管理办法》（2014 年 1 月）、中国银监会与中国人民银行《关于加强商业银行与第三方支付机构合作业务管理的通知》（2014 年 4 月）。

户权益保护机制。2017 年 12 月中国人民银行发布《条码支付业务规范(试行)》,针对二维码支付可能引发的风险进行规范,填补制度空白。2018 年,中国人民银行发布《关于支付机构撤销人民币客户备付金账户有关工作的通知》,将备付金全额转至央行"集中存管账户"。这些规范性文件形成了我国第三方支付行业监管的基本框架。此外,中国人民银行于 2011 年 5 月推动成立了中国支付清算行业协会,要求所有的支付机构必须加入,形成了强制监管与行业自律相结合的监管格局。①

虽然我国第三方支付行业存在诸如前述的一些竞争问题,但是通过对第三方支付行业的立法现状来看,法律措施主要集中于行业监管方面,忽略了竞争法律规制。第三方支付行业金融风险规制中所采取的方式并未强调竞争规制,法律实践中将竞争规则维护置于法律规则之外。② 而第三方支付行业日趋严格的监管趋势,不仅会抑制第三方支付行业的发展,而且市场准入及其他管制政策本身也会导致一些竞争问题的产生。事实上,目前更为急需的是反垄断法律措施,应该运用反垄断法对第三方支付行业中出现的竞争问题予以规制,以确保行业的健康有序发展。

(二)第三方支付行业竞争法规制的选择

第三方支付是金融服务的延伸,目前学界对第三方支付的法律规制研究主要集中在金融监管方面,不少学者提出了第三方支付行业立法滞后,监管机构缺失、监管不到位、无法对第三方支付行业进行全方位与多角度的监管,所以不断呼吁加强对第三方支付的金融监管。③ 然而,第三方支付行业得以迅速发展恰恰是由于"监管缺失",在第三方支付发展初期,并没有相关机构监督。在《非金融机构支付服务管理办法》出台之前,主要是由政府机关扮演监督管理者的角色,行业协会虽然也起到了一定的补充作用,但总体上处于零监管状态。直到 2010 年中国人民银行颁布《非金融机构支付服务管理办法》,才明确将第三方支付企业纳入中国人民银行的监管。2011 年开始发放第三方支付牌照,第三方支付行业正式纳入中国人民银行金融监管体系。对第三方支付进行较为严格的监管,会抑制行业的创新与发展。

---

① 参见蒋先玲、徐晓兰:《第三方支付态势与监管:自互联网金融观察》,载《改革》2014 年第 6 期。

② 参见杨东:《互联网金融风险规制路径》,载《中国法学》2015 年第 3 期。

③ 参见王卫国:《金融法学》(第 5 辑),中国政法大学出版社 2013 年版,第 38 页。

行业监管在一定程度上都会采取直接干预市场运行的手段,以政府对市场供需状况的判断以及控制供给来代替市场的协调机制,从而可能会给市场机制的正常运行带来负面效应,降低经济运行的活力,并且滋生限制竞争行为。在行业监管中制定较高的市场准入条件或严格限制新企业进入以保护市场安全与秩序,会产生限制竞争的效果。同时,也会导致市场内经济集中度越来越高,形成垄断性市场结构或高度寡头垄断市场结构。

第三方支付公司支付牌照发放制度的施行以及较高的市场准入条件,意味着对第三方支付的行业实施了较为严格的行业监管制度,并产生了金融抑制的效果。同时,由于支付牌照的控制,第三方支付行业内部的市场集中化趋势十分明显。许多潜在进入者申请牌照进入市场的难度较大,于是转而通过并购拥有牌照的在位第三方支付企业来进入市场。① 这些第三方支付企业的并购和重组,虽然有优化社会资源的配置一面,但也存在加剧市场垄断的可能。因此,从第三方支付行业的市场竞争来看,较高的市场准入条件阻碍了第三方支付市场潜在竞争者的进入,加剧了垄断市场结构的形成,同时,也使市场中企业并购趋势加强,促使行业集中度进一步加强。

第三方支付涉及了金融、互联网、电子商务,其法律规制涉及金融行业监管,但是在市场竞争中又存在竞争法的规制。但是二者的规制存在不同的路径方式,产生的效果也有所不同。在我国金融严格监管的背景下,第三方支付行业纳入金融监管后会对行业的创新发展带来抑制作用。相反,竞争法是市场经济中普遍适用的法律规则,对行业的创新和发展起到保护和促进作用。

目前,我国现有的反垄断法及其相关配套措施,可以适用于第三方支付行业的一般性竞争问题,但是,由于第三方支付行业平台经济的特性,市场中出现的一些竞争问题是现有反垄断法难以适用的。用传统的反垄断法理论和工具分析存在不足,不能对一些竞争现象给予合理的分析。因此,在利用反垄断法对第三方支付行业进行规制时,要首先研究第三方支付行业的特性、传统反垄断法理论的不适应性,以及规制第三方支付行业所需要完善的反垄断法制度,以确保在规制中不要出现偏差和失误。因此,下文就将对第三方支付行业反垄断法规制的理论基础、垄断协议、经营者集中、滥用市场支配地位等具体反竞争行为的反垄断分析以及规制第三方支付行业的反垄断法规制建议等内容分别

---

① 参见李东荣主编:《中国互联网金融发展报告》(2015),社会科学文献出版社2015年版,第47页。

进行论述。

总体来看,第三方支付作为一个新兴产业,在行业零监管背景下不断创新,迅速发展。在行业内部形成了银行、第三方支付企业、电子商务企业之间的上下游关系,并且存在线上支付和线下支付不同的行业细分市场。形成了第三方支付企业之间、第三方支付企业与银行之间的复杂竞争关系。在这些竞争关系和竞争过程中,出现了许多竞争问题。第三方支付行业形成了寡头垄断的市场格局,一些第三方支付企业形成了市场中的优势地位,也出现了一些企业排除和限制竞争的行为,从中获取垄断利益。同时,传统支付行业主力军银行业也不断排挤和抵制第三方支付企业,以便维持原有的市场利益。第三方支付行业现实中的竞争问题对法律制度产生需求,但目前法律规制主要集中于金融监管部门的行业监管,而非市场竞争监管。越来越严格的行业监管不仅会抑制第三方支付行业的创新和发展,同时监管措施本身也会带来一些市场进入、管制等竞争问题。因此,目前第三方支付行业的发展事实上更需要反垄断法的规制。本章中阐述的第三方支付及行业特点、纵向产业关系以及横向市场细分、市场竞争格局,是第三方支付行业反垄断法规制的现实基础。

第二章 第三方支付行业反垄断法理论运用的新视角：平台经济学

爱因斯坦说："不是经验观察为理论研究提供基础，而是理论研究决定人们可以观察到什么。"①传统反垄断法理论发展为第三方支付行业的反垄断分析提供了基础性研究，但是基于第三方支付不同于传统单边市场企业的平台经济属性，在理论上更具有价值的问题应该是：在比以往研究更为现实的市场环境下，传统反垄断法理论是否仍能作为法律规制的基础进行适用。对第三方支付行业实施反垄断法规制，需要有适应其行业特点的反垄断法理论研究作为支撑，从而更好地运用反垄断法分析工具规制第三方支付行业。

第一节 平台经济学的主要理论

网络空间与现实社会的最大差别之一在于网络空间的基本支撑主体是中国的互联网服务提供商或者中间平台。互联网中间平台的出现，促进了信息流动和生产方式变革，带来的是交易成本的大幅降低、共享经济

---

① 史晋川、董雪兵：《法律·规制·竞争》，经济科学出版社2008年版，第28页。

的兴起以及生产方式的深刻变化。① 互联网平台的不断兴起,催生了平台经济学理论。

一、平台及平台经济

2004 年,在法国产业经济研究所和政策研究中心联合主办的"双边市场经济学"会议上,首次提出了双边市场的"平台"(Platform)概念。在很多文献中,双边市场和平台两个概念常常被通用。对于何为"平台",有学者认为,平台是指市场交易机制,平台型交易机制是通过向买卖双方收取一定的市场交易费用来促进市场运行。② 有学者从表现特征的角度指出平台是一种市场交易场所,是一种现实的或虚拟的空间,在平台上可以促成双方或多方之间的交易。③ 但就其本质内涵,尚未有统一界定。国外经济学家也提出了不少关于平台的概念,本书总结其中三个主要的定义。首先,埃文斯(Evans,2003 年)基于一个或多个群体之间的交叉网络外部性的存在提出了平台的定义。施马伦斯(Schmalensee,2007 年)指出平台企业的关键特征,多边平台有两组消费者;在某种程度上相互需要;但是不能从他们自己的相互行为中获得价值,而是依赖他们之间相互的促进行为创造价值。该定义的本质是平台在创造价值中的角色,这种价值在缺乏平台的情况下是不会产生的。这些价值是解决消费群体合作和交易成本问题产生的。在平台的多边消费者之间会产生价值并进行分配。平台上的每一组消费者得到多少价值决定了他们是否参与平台,并且留有剩余的价值作为平台的利润。在决定价值分配时,价格结构是关键的。多边平台理论假定存在以各种方式相互依存的多边消费群体。④ 其次,罗歇和梯若尔(Rochet & Tirole,2006 年)从价格结构的角度来定义了双边平台:平台的交易量被价格结构影响,如各边之间的总价格水平和一边支付给另一边的相对价格水平,这种价格包括注册费和使用费。他们指出,平台价格结构和两个因素有关系:一个是相互作用两边之间存在的交易成本;另一个是平台强加给各组消费者之间的交易价格约束。由于间接网络内部性,平台各边的市场需求内部相对

---

① 参见周汉华:《论互联网法》,载《中国法学》2015 年第 3 期。

② 参见黄勇、蒋潇君:《互联网产业中"相关市场"之界定》,载《法学》2014 年第 6 期。

③ 参见徐晋、张祥建:《平台经济学初探》,载《中国工业经济》2006 年第 5 期。

④ See David S. Evans & Richard Schmalensee, "The Antitrust Analysis of Multi-Sided Platform Businesses", *National Bureau of Economic Research* 37, 2013, p. 36.

独立，价格结构通常被用来平衡成员外部性和使用外部性，以实现平台价值的最大化。最后，赖特(Wright,2011 年)认为，多边平台是产品再出售的组织者，两组参与者通过中间层或平台进行交易，一组用户的数量决定着另一组用户参与者平台并获得的效用，并指出并非所有的平台型组织都是双边市场。① 前两个定义的内涵较为广泛，并且把多边平台定义为一种组织，这种组织主要是通过两组相互之间有联系的不同消费者之间的直接相互作用创造价值，而不是协调，排除了再出售模式。

简单来讲，平台是一种能促进两组消费群体相互之间的经济作用的中介组织。在平台上有彼此需求的两组消费者。其中一组消费者的决定会通过直接或间接外部性影响另外一组。② 如果一组消费者购买服务，那么另外一组消费者的服务会产生更大价值。服务于这样的市场的平台企业扮演了市场交易匹配者的角色，使两组消费者吸引到平台从事市场交易。平台上的产品或服务被两组消费者联合消费，并且，在一定意义上仅仅是当他们参与交易时才存在。平台的基本特征是正外部性的存在和仅凭参与双方自身交易无法内部化这种外部性，平台企业就是使这种外部性内部化。③

"平台经济"的概念最早是由罗歇和梯若尔(Rochet & Tirole,2003 年)、卡约和朱利安(Caillaud & Jullien,2003 年)、阿姆斯特朗(Armstrong,2004 年)等学者提出的。在平台经济模式下，为促成双方或多方用户之间的交易由平台提供一种现实或虚拟的空间，各方用户在平台提供者或平台企业的组织下，通过信息纽带联结在一起，平台企业为供求双方提供信息空间、撮合市场交易、降低交易成本、提升交易效率。平台经济一般有平台企业、需求方与供给方用户、平台支撑者四个方面的内容。其中，平台企业是核心，它将其他要素组合连结在一起，并形成双边市场的结构。因此，平台经济也通常被称作"双边市场"或"双边平台"。④ 平台经济中企业的竞争策略主要依据的是双边市场及其所衍生出来的一系列效应。对这些平台特征及市场效应的研究就产生了平台经济学。

---

① See Hagiu and J. Wright, "*Multi-Sided Platforms*", *Harvard Business School* 5, 2011, pp. 12 – 24.

② See S. Sriram, Puneet Manchanda, Mercedes Esteban-Bravo, Junhong Chu, Liye Ma, Minjae Song, Scott Shriver and Upender Subramanian, "Platforms: A Multiplicity of Research Opportunities", *MarketingLetters* 26, 2015, pp. 141 – 152.

③ See David S. Evans, "The Antitrust Economics of Two-Sided Markets", *Yale Journal on Regulation* 20(3), 2003, pp. 236 – 249.

④ 参见李凌：《平台经济发展与政府管制模式变革》，载《经济学家》2015 年第 7 期。

二、平台经济学主要理论

平台经济学(Platform Economics)就是研究平台之间的竞争与垄断情况，强调市场结构的作用，通过交易成本和合约理论，分析不同类型平台的发展模式与竞争机制，一并提出相应政策建议的新经济学科。①

(一)双边市场理论

平台经济理论研究始于双边市场理论的提出。美国信用卡产业的反垄断引发了对双边市场的研究。双边市场上的平台企业组织和连接两组不同的用户群体，②在对两组用户所制定的价格总水平保持不变的前提下，交易总量随着在两组用户间的价格结构的变化而变化。③ 判断是否为双边市场，可以考虑以下因素：是否存在两组不同类型的用户群体；两组用户之间是否存在外部性；是否有平台企业将这种外部性内部化。④

目前，理论研究已经探索在双边市场中出现的基本特征。在双边市场中，除非能吸引市场两边的参与者到平台上，否则平台产品不能出现并不能持续存在。这将产生不同于单边市场中的价格和投资策略。

首先，双边市场中的基本问题就是将两边用户群体吸引到平台上。在双边市场上有两组不同的消费者，双边市场的价值是依赖于在两边市场中都不断增加的消费者来实现的。而两组不同的用户群体之间存在的相互依赖性，使两边市场之间被“捆绑”在一起成为可能，并且会造成支配地位的企业垄断绝大部分市场。

其次，平台组织可以协调并满足两边用户群体的需求以便为市场赢得参与者。双边市场需要一个中介类平台企业向双方提供能够满足各自需求的产品和服务。⑤ 哈古(Hagiu,2006 年)研究认为，如果卖方用户群体认为买方用户群

---

① 参见徐晋、张祥建：《平台经济学初探》，载《中国工业经济》2006 年第 5 期。

② See Mark Armstrong, “Competition in Two-sided Markets”, *Mimeo. University College*, 2005, pp. 1 – 32.

③ See Rochet, J. Tirole, J., “Defining Two-sided Markets Mimeo”, *IDEI, and GREMAQ, Toulouse*, 2004.

④ See Evans, D. S., “The Antitrust Economics of Multi-sided Platform Industries”, *Yale Journal on Regulation* 20, 2003, p. 21.

⑤ See Round Table on Two-Sided Markets-Note by the Delegation of the European Commission, *Document no: DAF/COMP/WD*, 2009, p. 6.

体不会参与到该平台,那么平台就可以暂时不对买方收取服务费用,直到买方接纳并参与到该平台。平台通过策略确保卖方保留在平台,这是由于卖方相信这种方式可以吸引买方参与交易。平台可以克服卖家的不利预期,为市场赢得参与者。

最后,平台企业在定价机制上采取了非中性的价格结构来使网络外部性内部化。① 平台产业商业模式主要的一个方面是采取最优的价格结构:在参与平台的双边市场之间进行收入分配。如支付卡企业从商户边赚取与消费边不成比例的收入。双边市场中通过恰当的价格结构平衡每一边市场的需求,从而使两组用户都参与并保持在平台上。这就不得不考虑市场一边的价格对另一边形成的影响。平台企业通常采取非中性的价格结构在两边市场之间进行收入分配,即对外部性较强的一方采取低价甚至免费的策略,以吸引另一边市场消费者参与平台进行交易,并依靠另外一边市场来赚取利润。② 卡约和朱利安(Caillaud & Jullien)称这种策略是"分而治之"(divide-and-conquer)。朱利安(Jullien,2011 年)指出,平台采取分而治之的策略开始建立或者进入市场:补贴价格敏感的用户群体,利用他们的参与来吸引另一边的用户群体。③ 埃文斯(Evans,2003 年)指出,美国通用公司在 2001 年从商户一边赚取了 82% 的收入。与之相对比,消费者经常只需交年费。

此外,双边市场中的许多平台企业出售的都是互补产品。互补性被古诺(Cournot)在 1838 年首次提出,假设有两个互补的产品 A 和 B,如果消费者对一边的需求比较高,就会降低另外一边的价格,那么这两组产品就是互补的。企业在双边市场中生产互补性产品,在成本方面是有规模经济的,并且可以增加企业的间接网络外部性。美国通用卡能使用计算机系统向持卡人和商户提供服务。支付平台是因为提供给持卡人和商户不同的服务才会出现并存在。④

---

① See Caillaud, B. and B. Jullien, "Chicken and Egg: Competition among Intermediation Service Providers", *Rand Journal of Economics* 34(2), 2003, pp. 309 – 329.

② See S. Sriram, Puneet Manchanda, Mercedes Esteban-Bravo, Junhong Chu, Liye Ma, Minjae Song, Scott Shriver and Upender Subramanian, "Platforms: A Multiplicity of Research Opportunities", *MarketingLetters* 26, 2015, pp. 141 – 152.

③ 参见史晋川、董雪兵:《法律·规制·竞争》,经济科学出版社 2008 年版,第 214 页。

④ See David S. Evans, "The Antitrust Economics of Two-Sided Markets", *Yale Journal on Regulation* 20(3), 2003, pp. 236 – 294.

(二)网络外部性理论

平台企业的两边市场中存在网络效应,又称为网络外部性或者正反馈效应。[①] 当产品价值增加,使用该产品的消费者就会增加。网络效应通常被划分为直接网络效应和间接网络效应两类。[②] 在直接网络效应中,一个产品对一组消费者具有价值是因为另一组消费者已经购买。在间接网络效应下,一个产品有价值是因为一组消费者购买该产品,对互补产品的需要很高,并且这些互补产品的供应对另一组消费者有益。直接和间接网络效应使各组消费者在一段时间内的购买决定是相互依赖的。[③] 在支付系统中,支付平台一边的价值和另一边捆绑在一起,拥有支付卡的消费者数量越多,商户越能从支付平台上获得价值。

网络效应会导致外部性问题。罗歇和梯若尔(Rochet & Tirole,2006 年)认为,这种外部性可分为:使用外部性和成员外部性。使用外部性是指平台的两组用户需要共同参与,使用平台去创造价值。平台企业通过促使不同用户群体发生交易来产生使用外部性,也会通过增加交易质量来增加使用外部性的价值:使一方用户发现最优的交易主体。使用外部性可能对于一类用户是积极的,但是对另外一类用户是负面的。只要这种外部性的净价值是积极的,就有利益于在平台吸引的用户之间产生相互影响、作用。例如,广告商从消费者的社交团体中获得利益,但是消费者对看广告是消极价值。成员外部性是当一边的用户增加时价值被创造,或者参与另一边的相关总价值增加。

间接网络效应的出现,对双边市场的经济分析有重要影响。对于传统的单边市场产业,经济学家一般假设需求依赖产品价格以及互补品和替代品的价格。对于多边平台,一边用户的需求依赖于另一边用户的成员数量。多边平台各边在需求上是互补的,但是这种需求的相互依存关系很难去计算出来。[④]

---

① See Filistrucchi L. ,Geradin D. and van Damme E. ,"Identifying Two-Sided Markets", *World Competition* 36(1)2013,p. 34.

② 参见史晋川、董雪兵:《法律·规制·竞争》,经济科学出版社 2008 年版,第 202 页。

③ See David S. Evans,"The Antitrust Economics of Two-Sided Markets", *Yale Journal on Regulation* 20(3),2003,pp. 236 – 294.

④ Ibid.

第二节　第三方支付的平台经济属性分析

反垄断尽管是一种政策和制度安排,但是经济学理论和分析方法却是反垄断政策的基础和执法的核心。第三方支付行业反垄断的理论基础是建立在平台经济学的相关理论之上,但在利用平台经济学理论分析其行业的竞争问题时,首先要界定这一行业模式是否采取平台经济模式。对第三方支付行业反垄断分析的逻辑起点也应该是从其平台属性开始。

一、支付系统属性

支付系统包括现金、票据、银行卡和新兴的电子支付系统等,第三方支付则属于新兴电子支付系统的一个部分。第三方支付平台是介于消费者和商户之间的第三方服务性机构,为交易双方提供虚拟账户、便利在线支付,并提供网上交易查询等功能,还能起到信用担保作用。第三方支付平台与商业银行合作,以银行的支付结算功能为基础,可同时提供多种银行卡的网关接口。商户无须自行开发支付系统,同时还在消费者与商家之间充当中介提供信用担保,在一定程度上化解了网上交易的风险,从而促进网上交易的达成。

支付系统的一个特质就是必须由付款方和收款方同时使用才可以完成支付。如付款方希望通过微信支付,而收款方却希望获得现金支付,那么微信支付就不会成为一个可以实现支付的方式。由此可以理解为,在支付系统中越多的收款方使用就会有越多的付款方使用,而越多的付款方使用也会有越多的收款方使用。因此,支付系统完成交易的方式是支付平台必须要制定可行的竞争策略将支付平台两边的付款方和收款方同时吸引到这个平台上。

第三方支付系统是更为复杂的支付系统,在其运行机制中需要采取更为有效的竞争策略解决平台用户规模的问题。第三方支付平台企业必须想办法吸引消费者和商户同时使用其支付系统。如果消费者在购买商品时不使用这种支付方式,那商户也就不会使用这种支付方式。因此,第三方支付平台企业就需要首先吸引消费者使用其支付方式去购买商品,此时为了吸引消费者使用其支付方式所采取的竞争手段不是通过支付设备或支付服务质量,而是通过有效的获客渠道聚集大量用户,如微信支付凭借微信社交平台吸引大量的用户。而支付实践中微信支付和支付宝及其他支付方式并无本质不同,服务质量亦无明显的差距,它们所不同的无非是哪个平台上用户黏度更高。接下来,第三方支付平台也需要竞争商户边支付方式的使用,想办法让更多的商户使用其支付方式,而不是仅关注吸引消费者不要转向其他支付产品,因为消费者通常会有多归属行为,如许多消费者拥有多种支付方式和多种第三方支付产品,但是选择哪一种也会受到商户给出支付范围的限制。例如,一些电商平台仅提供支付宝的支付方式而不提供微信支付方式,此时消费者只能选择使用支付宝。特别是由于各支付产品功能并无差异,而消费者转向其他支付平台的成本较低,所以,消费者会同时注册使用多个种类的支付产品。此外,当商户也采取多归属行为,同时对接多种第三方支付产品,当不同第三方支付产品的费率不同时,则会想办法激励消费者使用其中费率最低的支付产品。

由上可以看出,第三方支付平台企业在运行过程中要想使用户规模最大化,必须采取合理的定价机制和投资策略,解决两个阶段上的问题。即吸引消费者和商户同时使用其支付产品,并且越来越多的消费者和商户使用其支付产品形成用户规模。

二、多边平台属性

平台化模式下企业通过连接两组或者更多不同类型的用户,并使之发生内部行为促使各组之间获得各自的需求。多边平台解决了原本在各交易主体之间很困难或者不可能集中到一起的交易成本问题。在大部分情况下,一边市场越多的用户参加,越能够增加另外一边市场用户的价值。这种间接网络效应功能就像是需求规模经济和用户价值的增加能够通过平台来实现。多边平台通过与多种类型的消费群体合作以确保有足够类型的消费者参与到平台中来创造价值。平台化模式在许多重要的经济行业中扮演了重要的角色,包括支付、移动电话、金融交易、广告媒体和各种网络产业。

大部分国家支付系统是通过企业或联营组织为商户和消费者提供平台进行资金交易。互联网支付系统的出现使原有的银行电子支付平台进入商业组织支付平台(第三方支付平台)。理论界对电子支付平台的双边特性已进行了连续不断的研究,进入商业组织支付平台之后,不但没有脱离双边平台这个属性,相反,第三方支付同时具备了互联网企业的特性,其双边特性更为显著,更需要依据双边平台属性对其进行分析。

第三方支付平台是典型的双边平台,第三方支付平台企业联接着有支付需求的消费者和商户,是向市场两边提供支付服务的中介平台。消费者在进行网上购物时,需要使用第三方支付平台的付款服务;同样商家也需要使用第三方支付平台的收款服务;第三方支付平台则是为付款方与收款方之间提供支付服务的中介。消费者有付款服务的需求,而商户有收款服务的需求,支付服务对于两组用户来说有互补性。根据间接网络外部性的理论,间接网络外部性普遍存在于具有互补性的产品或服务之间,在第三方支付平台上,消费者与商户相互之间存在间接网络外部性。一边市场中消费者参与的需求与规模受到另一边市场中商户参与需求与规模的影响,市场一边的单个消费者使用支付产品并不能对另一边市场中使用该产品的商户效用带来直接影响,但是随着一边市场中使用支付产品的消费者数量不断增加,支付平台另一边市场中的商户数量也不断增加,从而使先使用的消费者所获得的效用也开始逐渐增加。

在第三方支付平台的定价结构中,采取了对消费者用户免费,对商户收费的倾斜性价格策略。以支付宝的定价为例,支付宝于2003年10月基于淘宝成立,2004年网站上线并独立运营。在培育市场的早期,由于基于平台的交易量有限,需要解决的是提高双边用户参与积极性的问题,平台的竞争策略是需要依靠定价机制来扩大交易双方参与者的数量规模,大规模的参与者是平台竞争力的体现。因此,支付宝通过其免费模式鼓励商家和消费者使用其支付服务,并公开承诺3年内免费使用的政策,短时间内完成了市场的培育。通过早期的免费政策,支付宝在短时间内积累了庞大的用户群体,用户规模扩大使双边用户之间的间接网络外部性、双边用户的依赖性迅速增加,随即支付宝对其价格政策进行了调整。2007年支付宝取消了其单一的免费定价模式,开始对双边用户进行差别定价。对于普通消费者继续沿用免费使用政策,淘宝、阿里巴巴的商家继续免费,对非淘宝商家或其他B2B、B2C类电子商务网站开始收取接入费。

尽管第三方支付产业在间接网络外部性、定价结构方面具有与其他产业相似的双边市场共性,但是第三方支付产业也具备一定的特殊性,突出表现在双边用户的多平台接入方面。在第三方支付平台上的商户和消费者都存在多归属,会同时选择多家平台接入。由于平台企业之间存在激烈的竞争,而且许多支付平台企业之间相互并不兼容,就会使多平台接入行为普遍存在。与其他双边市场相比,第三方支付市场的双边用户多平台接入的现象更为普遍。在双边用户的商户这一侧,通常会采用多支付平台接入。如许多电子商务企业都同时接入了支付宝和财付通。虽然第三方支付平台要收取接入费,但是多平台接入所增加的销售机会大于所付出的成本，所以这些电子商务企业会选择多平台接入。从双边用户的消费者来看，由于支付平台的免费定价，消费者多平台接入的货币成本几乎为零，但实际上消费者的第三方支付多平台接入的动机并不强烈。推究其原因，包括用户的使用习惯、转移成本等因素，更为重要的是，商户用户普遍的多平台接入行为在很大程度上降低了消费者用户多平台接入的必要性，因此普通用户多平台接入的现象实际并不普遍。①

由此可见，第三方支付企业具备了网络效应、非中性定价结构、多归属等双边平台的特性。

第三节　传统单边市场理论分析第三方支付行业竞争问题的局限性

赖特（Wright，2003 年）指出，在使用单边市场的理论逻辑分析双边市场时存在八大误区：（1）有效率的价格结构应该反映相对成本；（2）较高的边际成本说明存在市场力量；（3）低于边际成本定价就是掠夺性定价；（4）市场增加竞争就会导致更有效率的价格结构；（5）竞争增加必然导致更平衡的价格；（6）在成熟市场上，不反映成本的价格结构不再是判断标准；（7）双边市场中的一边收到低于边际成本的服务，一定是收到了来自另一边用户的交叉补贴；（8）即使市场处于竞争状态，双边市场中平台制定的价格也不是竞争中的。② 赖特所阐述的这些理论误区，恰是单边市场理论分析中存在的局限性。采用单边市场理论来分析第三方支付行业，同样存在局限性。

一、竞争性垄断的市场结构：寡头与竞争的共存

在新经济背景下，出现了一种新的市场结构，即竞争性垄断。在竞争性垄断市场中，高度垄断与高度竞争结构并存。③

平台经济理论主要的贡献之一，是证明了间接网络效应在平台产业组织中

---

① 参见付华、赵丽：《基于双边市场理论的第三方支付竞争研究》，载《商业时代》2013 年第 27 期。

② See Wright Julian，"One-sided Logic in Two-Sided Markets"，*Review of Network Economics* 3(1)，2004，pp. 42 – 63.

③ 参见曲振涛、尹妍：《新经济下竞争性垄断市场的新古典主义探析——微软反垄断案件引发的经济思考及对中国的借鉴意义》，载《商业研究》2005 年第 6 期。

非常重要。间接网络效应能产生需求边规模经济,而这种需求边规模经济极易导致垄断:在平台一边参与者的增加会使另一边更具有吸引力,导致另一边参与者的增加,反过来,另一边参与者的增多也导致开始一边吸引更多的参与者。平台越有吸引力,参与者越多,并且这些需求规模经济驱动市场进入垄断。① 第三方支付产品的边际成本呈递减规律,当第三方支付平台上的用户增加时,边际成本几乎为零。为了追求利润最大化,第三方支付企业会尽可能地增加用户规模,发展规模经济,占据垄断地位。同时,第三方支付市场的间接网络外部性决定了其最终的竞争状态会表现为垄断的市场结构。第三方支付市场具有需求方规模经济特征,在网络外部性的作用下,第三方支付平台企业突破临界规模后可以吸引更多的消费者参与到该平台,致使这些第三方支付平台在市场中的规模越来越大,占据了主要的市场份额,获得市场势力的第三方支付平台企业在正反馈作用机制下反过来利用网络外部性进一步锁定(lock-out)用户,呈现"赢家通吃"的垄断局面。② 从而使第三方支付产业的市场集中度较高,处于寡头垄断的状态。

但是,在双边平台理论研究中发现,许多间接网络效应非常强的产业并没有形成单一垄断者,并且一些貌似垄断的行为也似乎并不是企图垄断。例如,在美国几个支付系统中,存在数个竞争的金融平台。这一方面是因为竞争平台提供不同的产品,另一方面是因为在平台产业的一边或多边的消费者能参与多个平台,形成多归属。大部分多边平台面临着相对较小数量的竞争者,它们寻求在平台各边获得消费者。在支付市场上存在现金、支票、储蓄卡和信用卡等多种支付方式,支付企业作为一种双边平台,平台两边的商户和消费者会同时使用多种支付方式,这就使各类支付平台长期以来能共同生存并彼此竞争。

第三方支付市场上形成了寡头与竞争共同存在的竞争性垄断的市场结构,在该市场结构中,如果单纯用传统单边市场结构理论来分析,就会形成较为严格的反垄断规制理论和方法。

二、倾斜性定价机制:与掠夺性定价的暗合

双边平台想要生存和发展,首要的就是要将平台两边的用户吸引到平台

---

① See David S Evans, "Antitrust Issues Raised by the Emerging Global Internet Economy (Part Ⅱ)", *Northwestern University Law Review* 102(4), 2008, pp. 34 – 39.

② 参见唐未兵、刘巍:《网络产业的联盟结构研究》,载《中国工业经济》2004 年第 5 期。

上。平台企业为了使两组用户都加入参与并保持在其平台上,它们总是不得不考虑在市场一边的价格怎样变化将影响另一边,平衡两组用户之间的利益。有许多研究讨论了这个问题,其中,投资及价格策略非常关键。采取最优的价格结构会有利于解决鸡蛋相生的问题。即便已经过了聚焦在解决鸡蛋相生问题的进入阶段,在成熟双边市场上的企业,仍然必须要设计并维持最优的价格结构。能否确定一个最优的价格结构是平台产业中的主要竞争之一。当然,有时候所有平台都会采取相同的价格策略,但有时候企业对此是不同的。

为了解决鸡蛋相生的问题,平台在一边市场上采取降低消费者参与平台这一边的成本。通过降低消费者参与的成本可以促使大量消费者加入该平台,当平台一边的用户数量增加,也会带动平台的另一边用户数量增加,从而促使平台总体上的用户数量激增。这就是"分而治之"策略的运用。即对外部性较强的一方采取低价甚至免费的策略,以吸引另一边市场消费者参与平台进行交易,并依靠另外一边市场来赚取利润。因此,在双边市场上会出现一边市场上的价格远高于成本,而与之相对应的另一边市场的价格却是低于成本的。如果将两边市场分开来看,其中一边市场价格由于低于平均成本,所以看上去形成了一个反垄断法上的掠夺性定价。

第三方支付平台同样需要解决两边市场中用户的平台参与问题,将两边市场的间接网络外部性内部化,吸引用户到平台上参与交易以突破临界规模,从而能够生存并获取利润。而这其中价格因素起到了关键性的作用,决定着平台上的消费者使用支付产品的积极性。因此,第三方支付平台企业必须制定正确的价格结构和投资策略以平衡双方用户的需求。而非中性的价格结构恰恰解决了支付平台两边用户的平台参与问题,即对需求弹性较高的消费者市场制定一个低于成本的价格,对需求弹性较小的商户市场采取一个超高定价。此时,在消费者一边采取的低于成本定价的行为也正好与反垄断法中的掠夺性定价暗合。

然而,在双边市场中经常会出现联合的利益与成本,这也意味着某一边的利益和成本之间没有必然联系。市场一边的价格与成本经常不一致,某一边市场的价格不遵循在那边的成本或需求。不能孤立地分开讨论两边市场中的价格与成本,需求或者成本的任何变化都将影响两边价格和总价格。这使传统单边市场理论中关于价格与成本的分析工具在第三方支付市场中难以应用。第三方支付平台企业掠夺性定价行为也面临更为复杂的反垄断法分析,对于低于成本定价的行为,要区分出属于合理的非中性定价行为和暗合于非中性定价机制中的掠夺性定价行为。

三、互补性产品下复杂的竞争约束

产品互补性产生了一个重要特征:无论价格是多少,如果平台一边的用户对产品的需求消失,那么另一边的用户也将失去对该产品的需求。许多双边平台都利用多产品之间的互补性来增加平台的间接网络效应。但是,第三方支付产品与通常的多边平台不同的是,它所提供的支付产品无须多样化就可以实现这种互补,因为支付服务本身就具有互补性。第三方支付平台向消费者和商户出售服务,消费者对第三方支付服务的消费需求恰恰是商户需求的原因,商户需求也是消费者需求的原因。第三方支付平台两边的消费者和商户只有同时使用支付服务,才会产生彼此之间的价值增加。他们内部有相互依存性,通过对消费者一边采取商业策略来影响商户一边的需求。第三方支付平台采取的商业策略是利用支付产品的互补性联合决定它所服务的两边。

产品互补是第三方支付企业创造价值的原因,它会使商户和消费者因为彼此的存在而获得价值增加。由于产品的互补性,第三方支付平台形成了复杂的竞争约束。诺尔(Noel,2005 年)和艾森曼(Eisenman,2011 年)认为,许多平台面临着更为复杂的竞争环境,多边平台面临的竞争可能来自:任何一边市场中的单边企业;多边平台面临着一边市场中的竞争;多边平台在某一些边的竞争而不是所有边;有相同的一边市场再加上一些增值产品的多边平台。哈拉布尔达和皮斯科尔(Halaburda&Piskorski,2011 年)认为,平台也能够通过限制一边市场中的竞争为该市场中的用户创造价值。① 第三方支付平台同样会面临这些复杂的竞争约束,这会使与之相关的反垄断分析也更为复杂,如在界定第三方支付相关市场时,传统反垄断法的分析方法和工具存在不确定性。

四、多归属中的动态竞争

罗歇和梯若尔(Rochet & Tirole,2003 年)认为,双边市场中关键的竞争因素是用户从事的单归属和多归属。用户如果仅使用一个平台就是单归属,如果经常使用几个平台则是多归属。阿姆斯特朗(Armstrong,2006 年)论述了多归属对竞争的重要性。当一边是单归属另一边是多归属时,平台将在单归属一边展

① See David S. Evans & Richard Schmalensee, "The Antitrust Analysis of Multi-Sided Platform Businesses", *National Bureau of Economic Research* 37, 2013, p. 36.

开激烈的竞争。大部分双边市场中都出现了几个竞争平台并且至少有一边是多归属。第三方支付是多归属平台,消费者和商户一般都会使用几个支付平台。

虽然在第三方支付中两边都具有多归属性,但是,一边的多归属主体决定着另一边主体的平台选择。① 大部分消费者使用多种电子支付方法,并且大部分商户接受可替代的各种支付方式。然而,在实践中主要由消费者决定着支付体系的使用。消费者一般提供一个特定的支付方法,而商户不得不决定是否拒绝这种支付方法。如果他们拒绝了,就可能失去了这笔交易。按照竞争"瓶颈"的逻辑,第三方支付平台将在消费者一边展开竞争。第三方支付平台的竞争动态在理论上和实践中是依赖于商户和消费者两个主体使用平台的数量、第三方支付平台之间的差异、一边市场中的主体对第三方支付平台选择时对另一边的影响程度。这使第三方支付平台的多归属性在动态竞争中起着重要的作用。在进行市场支配地位确认时第三方支付多归属中的动态竞争带来了更多的困难,需要运用双边市场中动态竞争理论进行分析。

由此可见,第三方支付市场产生的许多竞争法问题用传统理论是难以分析的,或者分析后是不准确的。传统单边市场理论在分析第三方支付行业竞争问题时存在局限性。第三方支付行业中进行反垄断分析时,针对其中由于其平台属性所产生的新的竞争问题,当传统单边市场理论难以适用时,建立在平台经济基础上的平台经济学理论为第三方支付反垄断法分析提供了理论支撑。其中,网络外部性和双边市场理论为第三方支付反垄断法分析提供了理论上的指引,解决了传统理论的局限性。

第四节　平台经济学理论在第三方支付行业竞争法分析中的应用

在第三方支付行业的反垄断经济分析中,平台经济学理论始终贯穿其中,在关键的竞争分析中都起到了重要作用,这在本书有关经营者集中、垄断协议和滥用市场支配地位等部分均有应用,此处就关键的三个方面的表现分析如下。

---

① See David S. Evans & Richard Schmalensee, "The Antitrust Analysis of Multi-Sided Platform Businesses", *National Bureau of Economic Research* 37, 2013, p. 36.

一、合并效果分析

在第三方支付企业的横向合并与非横向合并效果分析中，由于存在交叉网络外部性，会对合并的效果分析带来更为复杂的过程。而平台经济学关于间接网络效应理论为这一分析提供了思路。

平台经济学理论研究认为，交叉网络效应会带来三个方面的影响：市场力量；合并影响；标准设置。杜贝（Dubé et al.，2010 年）、卡约和朱利安（Caillaud & Jullien，2003 年）的理论预期一致，认为交叉网络效应能导致市场集中的显著增加。与单边市场一样，双边市场中企业间的合并，如果合并后的企业可能会增加市场力量，合并将会引起执法者的调查。然而，在双边市场中的合并分析更为复杂，因为两边市场之间存在需求效应：市场一边的价格是被两边的成本和需求功能联合决定的。这种交叉效应下的相互需求会给市场界定和市场力量的测量带来复杂性。理论上来说，市场界定应该是通过在双边市场中服务于相同消费者的企业来决定的。但实践中，如果企业提供了多种不同产品，则进行市场界定是十分困难的。同时，双边市场中的市场力量也不能再通过加成的价格成本来推断，因为在给定一边市场的价格与边际成本之间的关系不再能被预测。[①] 这些基本理论也适用于第三方支付企业合并中的相关市场界定和市场力量的确认。

多边平台合并通常增加间接网络外部性，由于增加了消费者组群的规模，因此提供了效率意义。双边企业的合并即使缺乏效率，但导致两边价格减少在理论上仍是可能的。由于网络外部性的存在，一些多边平台的合并即使不能产生效率，也可能导致市场所有边上价格降低，这至少在理论上是可能的。但是这在单边企业合并中是不可能出现的。在第三方支付企业合并中，虽然这种可能性很少发生，但这种可能性的存在要求在合并分析中需要仔细考虑合并的多边影响，并且避免用传统单边市场分析工具来机械地分析第三方支付市场中的合并。此外，为了计算多边平台合并对消费者或社会福利的影响，也需要考虑对所有各边的影响。

---

① See S. Sriram, Puneet Manchanda, Mercedes Esteban-Bravo, Junhong Chu, Liye Ma, Minjae Song, Scott Shriver and Upender Subramanian, "Platforms: A Multiplicity of Research Opportunities", *MarketingLetters* 26, 2015, pp. 141 – 152.

二、协同行为分析

分析第三方支付企业的协同行为时应注意两个主要问题：首先，固定价格的福利分析更为复杂。当竞争的单边企业相互串通价格，经济理论预言最终会提高价格，降低产量，减少消费者和社会总福利。而多边平台的价格协同行为对消费者和社会福利的影响与单边市场的不同。其次，相互关联的价格产生了一个问题，即多边平台的合谋比单边企业的合谋更困难还是更容易。目前一些平台经济理论研究已经直接或间接得出相应的结论，这些平台经济理论为第三方支付协同行为的反垄断分析提供指导。①

就固定价格的福利分析而言，竞争平台可能对一边采取较低价格，而对另一边采取较高价格。也就是说，竞争将导致平台采取消费者福利最大化的价格结构。因此，平台联盟可能固定价格，在一边提高价格，另一边降低价格，增加消费者福利。罗歇和梯若尔（Rochet & Tirole，2008 年）提出了在支付卡系统中有益于所有持卡人的规则（honor-all-cards）。该规则减少储蓄卡之间的竞争，允许交易费对各方利益再平衡，在一些情形下是有益于社会的。然而，也有不少学者发现，双边市场中的竞争比合谋创造更多的消费者福利。② 第三方支付市场中的社会福利分析必须要考虑价格水平、价格结构和对吸引两边的可行性替代。

就第三方支付市场中的合谋是否更困难，在平台经济理论中的研究较为清楚：由于需要多边均能达成价格协议，所以平台广泛的合谋更困难。鲁默（Ruhmer，2011 年）提出具有单归属的双边平台模型，由于较强的间接网络效应，价格下降会增加收益，并且因此合谋很难维持。与分析单边企业相比，在分析多边平台合并时，可能较少考虑合谋。施马伦斯（Schmalensee，2007 年）指出，双边平台在一边的激烈竞争能够消除在另一边所收取价格进行合谋的营利能力。鲁默（Ruhmer，2011 年）的模型中，双边平台对消费者来说不存在完全的替代，并且竞争不是非常激烈，企业仅在一边进行可盈利的合谋是可能的。这

① See David S. Evans & Richard Schmalensee, "The Antitrust Analysis of Multi-Sided Platform Businesses", *National Bureau of Economic Research* 37, 2013, p. 36.

② Ibid.

种非竞争性合谋依赖于非合谋边竞争的激烈程度。①

三、排他性行为分析

第三方支付企业可以试图使用排他性行为排除和限制竞争，对第三方支付企业滥用行为的分析也将建立在平台经济学理论基础之上。埃文斯和施马伦斯(Evans & Schmalensee)提出临界规模的概念。一个平台构建之初在平台两边都没有消费者，平台面临的挑战就是要达到临界规模。在分而治之的价格策略下，通过鼓励两边的用户参与平台以期达到临界规模。而市场中其他在位者则会阻止潜在竞争平台获得临界规模或者使新进平台处于临界规模之下，以便阻止新进入者进入市场，从而排除竞争者并且成为市场的掠夺者。② 第三方支付市场中的在位平台企业实施的排他性策略，主要包括排他性交易、捆绑、掠夺性定价等。而潜在竞争者想要进入市场，就需要有效的能对抗分而治之策略的进入策略，或潜在竞争者可以采取的其他进入策略，这种策略里也可能会采取排他性策略，如掠夺性定价。

对于在位企业采取的排他性行为通常都是反竞争的。西格尔和温斯顿(Segal & Whinston,2000 年)已经证明，在位垄断者能阻止更有效的竞争者进入，在市场新进入者出现之前吸引消费者去与之签订排他性合同。赖特(Wright, 2010 年)考察了在没有经济规模但是存在网络效应时排除性行为的有效性。研究表明，在双边市场进入者出现之前，在位企业通过提供有吸引力的排他性交易合同给市场一边，以便排除更有效率的进入者是有利润的，并且支付高价给另一边。随着间接网络效应，锁定市场一边将使进入者很难获得市场另一边的消费者。排他性行为对进入者可能会存在促进竞争的一面。潜在竞争者在采取排他性策略进入市场后，可能会成长为一个十分有竞争力的平台企业，同现有市场中的企业展开竞争。就像微软一样，当它使用排他性合同进入浏览器市场后与在位支配企业网景(Netscape)竞争。③

排他性行为对消费者福利的准确分析一定要考虑平台服务的相互依存的

---

① See David S. Evans & Richard Schmalensee, "The Antitrust Analysis of Multi-Sided Platform Businesses", *National Bureau of Economic Research* 37, 2013, p. 36.

② See Evans David S. and Richard Schmalensee, "Failure to Launch: Critical Mass in Platform Businesses", *Review of Network Economics* 9(4), 2010, pp. 1–26.

③ See Doganoglu, Toker and Julian Wright, "Exclusive Dealing with Network Effects", *International Journal of Industrial Organization* 28(2), 2010, pp. 145–154.

消费者。即使发生阻止进入的行为,需求依赖性的存在也为提高消费者福利提供了合理性。平台各边之间存在正反馈效应,在某一边上需求的增加会增加平台的总体价值。因此,在采取排他性策略将用户锁定在平台上,会有利于该边的用户而且也有利于另一边的用户。在某种意义上来说排除性行为能增加消费者剩余。[①] 赖特(Wright,2007 年)的平台竞争模型从一个消费者群体的差异化和另一个消费者群体的同质化的角度出发,排他性交易能被用于阻止后一个群体的多归属,并且排斥竞争者,同时,垄断均衡在有经济规模时是有效率的。

第三方支付市场中存在使用外部性和成员外部性,影响消费者福利的策略行为可能通过网络外部性影响着另一边的商户。第三方支付平台平衡商户和消费者两边的利益为其提供价值并且最大化自己的利润。因此,在评估第三方支付企业采取排他性行为时,需要考虑这些行为是否是进入者或在位者对一边或多边采取的反竞争策略的一部分,并且要考虑在获得或维持临界规模中促进竞争的效应。

总之,对多边平台的经济分析比单边企业的分析更复杂。第三方支付平台作为一个双边平台,在商户与消费者之间存在间接网络外部性,因而平台选择的最优的定价机制为倾斜性定价结构,同时也存在两边用户的多平台接入。第三方支付企业的这些竞争策略和行为与传统单边市场相比,更具复杂性。这也使其反垄断的分析更为复杂。第三方支付行业寡头与竞争共存的竞争性垄断市场结构特点、倾斜性定价机制中与掠夺性定价的暗合、互补性产品下复杂的竞争约束以及多归属中的动态竞争,都为其反垄断法的分析增加了更多需要考虑的因素。忽视这些复杂因素的分析将偏离正确的结论,甚至产生严重的错误。而平台经济学中的网络外部性理论、双边市场理论恰恰解释了在单边企业中不会出现的行为模式和市场结果,这些理论在第三方支付行业的反垄断法分析中具有指导意义。在相关市场界定、合并效果分析、企业协同与合谋行为分析中,特别是价格固定的协同行为中,以及市场支配地位的认定及滥用行为的分析中,网络外部性理论、非中性价格机制、用户锁定效应及市场动态竞争理论等始终贯穿其中。本章中关于平台经济学理论的分析形成了本书第三方支付行业反垄断分析中的主要理论依据。

---

① See David S. Evans & Richard Schmalensee, "The Antitrust Analysis of Multi-Sided Platform Businesses", *National Bureau of Economic Research* 37, 2013, p. 36.

第三章 第三方支付行业垄断协议的规制

亚当·斯密在《国民财富的性质和原因的研究》一书中描述了一种经济现象："进行同一种贸易活动的人们甚至为了娱乐和消遣也很少聚在一起，但他们聚会的结果，往往不是阴谋对付公众便是筹划抬高价格。"①他所描述的行为在反垄断法的视野下，就是经营者达成垄断协议的行为。经营者一旦联合起来，实施垄断协议行为，就意味着在经营者之间签订了"停战"协定，使原本不具有市场垄断力的经营者通过相互拘束具有了控制市场的能力。② 垄断协议是反垄断法规制的核心。垄断协议虽然并不直接对市场结构产生影响，但它在经济生活中更为普遍，对市场的影响和对竞争机制的破坏作用并不弱于其他垄断行为。③

第一节 第三方支付行业中的垄断协议及特点

垄断协议也被称为限制竞争协议、卡特尔协议，是

---

① [英]亚当·斯密：《国民财富的性质和原因的研究》(上卷)，商务印书馆1981年版，第212~213页。

② 参见王玉辉：《垄断协议规制制度》，法律出版社2010年版，第1页。

③ 参见徐士英：《竞争法论》，世界图书出版公司2007年版，第83页。

数个经营者共同达成的具有约束力的一致意思表示，其中包含了经营活动限制的相互性和拘束的共同性，体现了经营者的合谋。[①] 在反垄断法框架下，“协议”并非狭义的合同，其外延远远大于合同，除了包括经营者之间签订的正式协议，也包括口头的、非正式的、共同决定等形式的协议，还包含行业普遍默认的惯例、管理习惯、行规等形式的协议，以及由以上内容的确立而带来的管理性指令和业务往来等。我国《反垄断法》所规定的垄断协议包括了“协议、决定或者其他协同行为”。[②]

一、第三方支付行业垄断协议

第三方支付行业中也同样存在垄断协议，虽然并不直接对市场结构产生影响，但是同样会损害正常的市场竞争机制，出现不公平竞争，限制消费者的权利。垄断协议的实施主体应为企业，此外行业协会也可能成为垄断协议的实施主体。银行卡组织及其成员银行之间达成的限制第三方支付的垄断协议排除、限制了市场中的竞争，阻碍了第三方支付企业的发展。在具有关联关系的电子商务企业、互联网金融企业和第三方支付企业之间的价格协议、排他性协议，排除和限制其他在位企业的竞争，也会形成市场进入壁垒。并且将这种限制竞争的效果扩展到了电子商务市场和互联网金融市场，使市场力量在不同市场领域进行传递。通过支付标准化的行为，会产生技术壁垒，阻碍市场进入。随着限制竞争加剧，还会使企业的创新能力受到损害，阻碍第三方支付市场的技术创新。

二、第三方支付行业垄断协议的表现形式及特征

在司法实践中，垄断协议的表现形式多种多样，其中，横向垄断协议与纵向垄断协议是最基本的分类，也是普遍用于立法、执法、司法及理论分析的分类方法和分析方法。[③] 与传统行业相同，第三方支付行业中的垄断协议同样存在横向协议和纵向协议两大类。在这两类垄断协议中又体现出与传统协议中不同的特点。

---

① 参见李昌麒：《经济法学》，法律出版社2008年版，第261页。

② 我国《反垄断法》第13条第2款规定：“本法所称垄断协议，是指排除、限制竞争的协议、决定或者其他协同行为。”

③ 参见郑泰安、郑鈜：《反垄断法律制度研究》，四川人民出版社2008年版，第63页。

(一)横向协议:效率与合理性的辨识

横向垄断协议和纵向垄断协议的划分是依据经营者在产业链中是否有竞争关系,具有直接竞争关系的经营者达成的是横向限制协议。第三方支付属于电子支付中新兴的一种支付方式,但无论是线上支付还是线下支付,仍然离不开基础的银行卡服务,而银行卡支付中涉及了一类很重要的价格协议就是交换费协议。交换费协议的规制在反垄断法实践长期存在争议,当第三方支付机构介入后,交换费协议出现了新特点,需要进一步分析。支付标准化也是第三方支付行业中横向协议的一个表现形式,如欧洲支付委员会支付标准化过程中受到欧盟竞争委员会的反垄断调查。我国目前的支付标准化问题还不太突出,这是因为反垄断法主要规制的是私人定制的标准,而我国在金融管制的背景下,由私人定制标准的可能性不大。在移动支付领域的标准之争,最后由中国人民银行进行统一。但是,在国家制定标准过程中,仍然存在一些竞争法方面的问题。此外,联合抵制行为也是第三方支付行业中比较典型的一类横向协议。但在第三方支付行业中的联合抵制行为主要体现在上游银行对下游第三方支付企业的抵制上,这是由于第三方支付从传统支付中分取利润所引起的利益之争。面对第三方支付企业分取利润的情形,传统的银行支付必然会进行抵制,这是联合抵制出现的一个主要原因,如四大商业银行集体降低支付宝的转账金额。

第三方支付行业的特殊性增加了在市场中垄断协议分析的复杂性和难度。第三方支付行业的垄断协议既可能促进经济效率也可能阻碍经济效率。例如,第三方支付企业联合制定标准增加了产品的兼容性和实用性,减轻了消费者的选择成本,增加了单个产品的价值,减少了企业的重复投资,提高了市场效率。但是其也阻碍了标准的创新,限制了技术进步,降低了市场效率。因此,第三方支付企业联合制定标准一方面提高了市场效率,但也有可能阻碍技术的进步。而交换费协议作为固定价格的协议,也不能用简单的本身违法原则予以适用,还应考察其是否带来效率的因素。第三方支付行业属于新兴的网络产业,存在不同于传统产业的经济特点,不能用传统反垄断标准来衡量垄断协议。即便是横向垄断协议,也不一定会损害社会福利,不能简单地加以规制,必须全面考虑其对市场效率的影响,需要用合理原则进行灵活的分析。

(二)纵向协议:一体化经营模式下的隐蔽性

纵向垄断协议是指在处于同一产业中不同环节、存在交易关系但是没有直接竞争关系的经营者之间,[1]通过明示或者默示的方式达成的排除、限制竞争的协议。[2] 传统的纵向协议可能是由上游经营者主导实施的,也可能是某个或某些下游经营者主导实施的,也可能是由上下游经营者共同发起并主导实施的。第三方支付行业中的纵向协议通常是由上下游企业共同发起并主导实施的,这不仅表现在一些具有关联关系的电子商务企业与第三方支付企业之间达成的交易合谋,而且,在互联网金融的细分行业一些互联网金融企业与互联网支付企业谋求深度合作的机会时,也出现了一些合谋排他性协议。主要表现为电子商务平台、互联网金融增值服务与第三方支付企业之间对价格、交易对象所做的限制性协议,如与有关联关系的电子商务平台之间的价格歧视协议、第三方支付增值服务中与基金公司的排他性协议等。

由于纵向一体化的经营模式,第三方支付纵向协议有其自身的特点。支付环节只是电子商务中资金流的一个环节,因此,从整个电子商务角度来看,第三方支付行业采取一体化的经营模式较为普遍。如支付宝、易付宝等许多第三方支付平台都是采取了纵向一体化的模式。由于这种一体化的经营模式,使处于上下游的经营者之间更容易达成一致的意思表示,发生协同行为,并且交流方式和协同形式更为隐蔽。同时,第三方支付企业对消费者一边的用户采取的几乎都是近似于免费服务的形式,由于用户是免费获得服务,所以对自身权益缺乏认识,没有给予足够重视。这些因素使行业中的垄断协议较难发现并予以反垄断的关注。

第二节　银行卡组织及其成员对第三方支付的联合限制竞争行为

反垄断法中的联合抵制行为是指两个或多个具有竞争关系的经营者共同拒绝同有竞争关系的特定经营者交易。[3] 联合抵制交易属于横向垄断协议,仍然是以合同、协议、企业组织的决议或协同一致等方式实施的反竞争行为。经营者可以单方面停止和另一家经营者的商业行为,但是如果有与其他经营者联合抵制的限制竞争协议,则可能违反反垄断法。联合抵制协议的反竞争效果主

---

① 参见张雷:《论我国纵向垄断协议构成的认定》,载《法制与社会》2014 年第 9 期。

② 参见张靖:《论对纵向垄断协议的规制》,载《湖南师范大学社会科学学报》2008 年第 6 期。

③ 参见孙晋:《反垄断法——制度与原理》,武汉大学出版社 2010 年版,第 58 页。

要表现在它会消除竞争,导致限制潜在竞争者进入市场或与现有市场主体竞争的参与者减少。具有市场势力的企业之间形成联合抵制并用来消除竞争者或者促使竞争者去同意集体的决议都是违反反垄断法的。为了更多的合作而形成的联合抵制,被用于增加经济效率或使市场更具有竞争性的,可以使用合理分析规则。

联合抵制常常被用于抵制新进入市场的竞争者,在位企业为了阻止新进入者进入市场就会采取这种协同行为。在电子支付市场中,第三方支付企业作为市场的新进入者,必然会对原有银行卡支付带来竞争。为了应对新兴支付企业的竞争,银行等市场在位者有实施联合抵制的趋势。在第三方支付市场上的联合抵制行为主要表现在银行支付卡组织对新进入电子支付市场的第三方支付企业的抵制,以及银行卡组织的成员银行对第三方支付企业的联合抵制。

此外,联合抵制也能被用于执行固定价格协议和限制交易数量等行为,来排除在位竞争者的竞争。例如,银联组织利用联合抵制第三方支付的方式来迫使第三方支付加入,执行由银联制定的交换费协议。而四大国有商业银行集体调整对支付宝快捷支付数额的限制,就是通过联合限制交易数量,排除第三方支付企业在线上支付市场中的竞争。由于交换费协议是电子支付市场中较为特殊的一类价格协议,所以,对交换费协议的反垄断法规制单独作为一个部分进行分析。此处主要对银联对第三方支付企业的抵制行为以及其成员银行对第三方支付企业的联合抵制行为进行分析。

一、银行卡组织对第三方支付企业的联合抵制行为

(一)中国银联抵制第三方支付企业的行为

事件一:2012 年 12 月,银联业务管理委员会给成员银行下发了《关于规范与非金融支付机构银联卡业务合作的函》。该文件指出,“前期调研发现,29 家非金机构与 17 家主要成员银行的银联卡业务接口超过 630 个,平均每家非金机构连接 12 家主要成员银行,平均建立接口 22 个”。银联认为,“(这些非金机构)普遍绕开银联网络,采取各种不合规手段开展业务,扰乱了市场秩序,损害了成员银行的利益”。①

事件二:2013 年 7 月 25 日,银联在董事会上提出《关于进一步规范非金融

① 刘旭:《五问银联“收编”第三方支付》,载《东方早报》2013 年 9 月 24 日,第 9 版。

支付机构银联卡交易维护成员银行和银联权益的议案》。该议案提出:“各成员银行停止向非金机构新增开通银联卡支付接口,存量接口上不再新增无卡取现、转账、代授权等银联卡业务,2013 年年底前,非金机构线下银联卡交易以间联或直联模式一点接入银联网络,商业银行不再保留其与非金机构银联卡线下交易通道,2014 年 7 月 1 日前,实现非金机构互联网银联卡交易全面接入银联,对已接入银联网络的,商业银行不再保留其与非金机构线上交易通道。”①

事件三:2013 年 8 月,上海银行将收单机构号出借给支付宝使用,银联遂对其进行通报批评并处以罚款。处罚的理由是,这些交易损害了发卡行的利益,也违反了国家发改委的相应费率规定。此后,上海银行中断了与支付宝的合作;支付宝也宣布停止线下收单(POS 机)业务。

事件四:2014 年 11 月,中国银联下发《关于进一步明确违规整改相关要求的通知》,要求成员机构迁移绕银联转接交易量,将绕过银联的业务逐步迁移至银联平台。

(二)银联组织联合抵制行为的反垄断法分析

1. 形态:同业组织的联合抵制

最常见的联合抵制是同业经营者共同拒绝与特定交易相对方进行交易。②中国银联作为银行卡成员的联合组织,不仅代表自己的利益,而且有其会员银行的利益,特别是那些作为大股东的商业银行。我国《反垄断法》第 11 条、第 16 条,都强调行业协会不得组织会员实施限制竞争的行为。行业协会之所以会成为反垄断法规制的对象,是由于为谋求其成员的不正当利益,可能会实施限制竞争的行为。③ 而银联上述一系列的行为,都有联合抵制交易相对方的嫌疑。即中国银联通过协议、决定或一致行动,使部分成员银行的意见上升为集体意志而约束所有银联成员,实施全行业的限制竞争协议,对未接入银联的第三方支付企业进行联合抵制。该决议要求其成员商业银行联合抵制未接入银联的第三方支付企业,不允许其成员银行直接与这些第三方支付企业开展支付业务,并对违背者予以惩罚。例如,上海银行由于将收单机构号借给支付宝使用而收到银联的罚单。银联组织对没有执行联合抵制协议的银行进行处罚,可以视为针对违背垄断协议的经营者的制裁。

---

① 阙星文:《银联 Vs 支付宝:线下支付引发“垄断”风波》,载《互联网周刊》2013 年第 9 期。

② 参见游钰:《论联合抵制的法律规制》,载《河北法学》2008 年第 3 期。

③ 参见王玉辉:《垄断协议规制制度》,法律出版社 2010 年版,第 41 页。

2. 效果：排除、限制竞争

银联及其成员银行的联合抵制行为，使第三方支付企业在市场竞争中处于劣势地位。支付宝之所以在线上支付取得成功，很大程度上是因为绕开了银联制定的价格体系，与银行直接开展合作。第三方支付企业接入银联后，就会失去这种竞争优势。而且，银联旗下的电子支付企业银联在线与第三方支付企业是竞争关系，第三方支付企业接入银联后，在市场中会处于明显的劣势。同时，银联要求第三方支付统一接入银联，试图达成价格或其他有利交易条件，增进成员间的同业利益。银联作为一个银行卡联合组织，其成员之间虽然互为竞争对手，但是也具有共同利益。同业经营者作为一个整体所具有的共同利益是促使它们实施联合抵制的重要动因。银联要求第三方支付企业统一接入，正是企图维持既有的有利交易条件。特别是在线下收单市场中，执行统一的交换费协议，银联从中可以获得既有的交换费利润分成。此外，银联禁止成员银行与第三方支付直连，涉嫌限制竞争对手使用其关键设施和重要资源的行为。行业组织控制关键设施或重要资源，但不允许非成员使用，将产生排挤竞争对手的效果。银联是我国境内唯一的银行卡结算组织，控制着支付结算的主要通道，如果禁止其成员银行与第三方支付机构的直联，就会阻碍第三方支付企业开展人民币结算的银行卡的线上和线下交易。

因此，银联要求会员银行联合抵制与支付宝线上、线下的直接合作，排除了线上支付市场中的竞争，阻止线下支付市场中的新进入者，以达成既有的有利交易条件，获取自身利润。同时，也阻止支付宝通过在销售终端（POS 机）和商业银行之间开展业务，形成同银联转接中心的竞争，[①]抵制支付宝作为潜在竞争者进入银行卡结算领域。银联组织与其成员银行对第三方支付企业的联合抵制行为，排除了线下银行卡支付市场的有效竞争，阻碍了支付结算业务的经济效率，并损害了消费者利益。

3. 豁免：自我管理权和维护行业秩序

联合抵制行为是否予以反垄断法的规制，还应考察实施行为的经营者是否有可以援引的抗辩事由。行业协会等同业组织在行业发展中起到了重要的作用，可制定全行业执行的规则，也拥有一定的管理权力。同业组织经常会采取一些措施合作或者限制竞争以满足行业发展的需要，其中就包括联合抵制。通

① 参见刘旭：《五问银联“收编”第三方支付》，载《东方早报》2013 年 9 月 24 日，第 9 版。

常这些措施可能会促进行业的发展，同时也是行使自我管理权力和维护行业秩序所必需的，所以反垄断法并不加以禁止。但是，同业组织自我管理权力和维护行业秩序的权利并不能在任何情况下都成为抗辩的理由。从理论上讲，任何管理权力都是有边界的，联合抵制等限制竞争安排也存在合理性问题。如果同业组织所行使的管理权力以及采取的限制竞争安排超越合理的限度，将受到反垄断法的规制。①

就银联抵制第三方支付企业的行为，银联提出相关的主张指出其行为的合理性与合法性，是难以成为抗辩理由的。银联指出，第三方支付存在安全问题，收单过程中存在“违规套用低费率”等行为，因此需统一接入。但是毕竟银联不是监管机构，不能仅以风险控制为由要求银行联合抵制未接入银联的第三方支付机构。并且，当时的相关法律法规没有禁止银行与第三方支付的直连业务。②如果已接入银联网络的银行和第三方支付机构，违反银联入网协议绕过银联结算，银联可以进行处罚。但是，对于那些与没接入银联的第三方支付机构直接开展业务的会员银行进行处罚，是没有权利的。中国人民银行和国家发展改革委也未明文授权银联处罚收单机构，其自我管理权中也无权对直连的成员银行进行处罚。因此，银联组织不能以自我管理权和维护行业秩序为由对联合抵制第三方支付企业的行为进行抗辩。

二、商业银行联合抵制第三方支付企业的协同行为

2015 年 2 月 28 日工商银行下调快捷支付限额，自此之后的一周内，农业银行、中国银行、建设银行也纷纷下调了其用户通过支付宝快捷支付网上消费及购买余额宝的额度，建行将幅度从原先的单笔 5 万元降为 5000 元。工行的额度由原先的单笔 5 万元下调为 5000 元，每月限额则从 20 万元降为 5 万元。中行、农行则将额度从原先的单笔 5 万元降为单笔 1 万元。调低支付宝等第三方支付的快捷支付限额，但各大银行的网银转账汇款则不受任何影响。四家商业银行不约而同地相继下调对支付宝快捷支付额度，背后的原因主要是余额宝等互联网金融产品的创新触及了四大银行的利益。

---

① 参见游钰：《论联合抵制的法律规制》，载《河北法学》2008 年第 3 期。

② 前述银联联合抵制行为实施时没有相关法律文件禁止直连业务。中国人民银行于 2017 年 8 月 4 日才发布《关于将非银行支付机构网络支付业务由直连模式迁移至网联平台处理的通知》，要求所有网络支付业务都通过网联平台处理。

在判断四家商业银行下调支付宝快捷支付额度的行为是否构成联合抵制交易时,需要考察形式要件和实质要件两个方面:形式上是否为《反垄断法》上所规定的协议、决定或其他协同行为,即是否符合行为要件;是否在产生了排除、限制竞争的效果,即是否符合实质要件。① 工、农、中、建四家国有商业银行在相近一周的时间里,先后对支付宝快捷支付业务额度进行下调,相继出台同样的政策限制支付宝快捷支付额度,存在协同行为的"合谋"嫌疑。同时,四大国有商业银行还具有一定的市场优势,对支付宝有一定的制约能力。② 从最终结果来看,涉嫌存在协同一致的行为。根据《反垄断法》的规定,协同一致的行动也构成垄断协议。

四家商业银行仅仅针对支付宝的快捷支付额度进行限制,却没有限制其自身网络银行的支付数额,也并未对其他第三方支付机构限额进行调整,显然是针对支付宝的限制竞争行为,共同抵制与其网上银行形成竞争的支付宝。这一行为产生了排除限制竞争的效果,降低了支付市场中的效率。消费者可以通过快捷支付更为方便快捷地完成支付,但是由于支付限额的降低,导致消费者对大笔的资金难以通过支付宝快捷支付来完成,损害了消费者的福利。同时,也侵犯了用户的选择权,对于银行卡中所存储资金,持卡人拥有权力按意愿支取转账,但是银行对支付宝的抵制,导致消费者在使用第三方支付企业的支付产品或服务时,不能自由地进行选择并任意支付自己账户中的金额,被迫接受一个最高金额的限制,最终使消费者权利受到限制。

第三节　交换费协议分析

横向垄断协议的表现形式中首要的一类就是固定或者变更价格协议,也称为价格协议,主要方式包括固定价格水平、制定共同价格等。③ 银行卡支付中的交换费协议是否为横向价格协议并由反垄断法予以规制,一直是反垄断法实践中争论较多的问题。传统反垄断法对交换费规则的设定存在不同规制意见,在

① 参见李怡轩:《论横向垄断协议中的联合抵制行为的认定——结合个案从实务视角分析》,载《法制与社会》2015 年第 6 期。

② 在中国金融行业中,四大行占有相当大的优势地位的,甚至可能是市场支配地位。根据银行报告,2012 年中国银行业累计发行借记卡 32.03 亿张,其中四大行的市场份额达到 50.67%。

③ 参见牛睿:《反垄断法问题研究》,辽宁大学出版社 2010 年版,第 97 页。

第三方支付机构进入电子支付市场后，对第三方支付企业是否有必要也适用交换费规则、交换费规则的限制竞争效果以及其效率因素，应当予以分析。

一、传统电子支付中的交换费协议及反垄断规制

（一）交换费协议

在电子支付市场中，银行卡组织的发行成员和收单成员仅仅能够决定自己的价格，①却不能决定消费者对商户银行卡服务的相关价格。为了解决持卡人和商户都同时使用银行卡系统的问题，必须要采取一个有效的价格结构，②因此，发卡行和收单银行不得不制定一个完善支付交易的协议，该协议最终由银行卡组织制定，设置一个交换费并采取特殊的价格结构。所有的交易必须要由发卡银行弥补收单银行，而交换费就是收单行支付给发卡行的费用。③ 银行卡组织通过成员银行之间集体设定有关交换费机制的协议，为消费者、商户和社会提供了一个有效率的电子支付系统。它是平衡电子支付中利润与成本的关键性工具，并且确保每一方参与者都公平地分摊成本，保护支付卡交易。④

对于商户使用支付卡进行支付的每一笔交易，发卡行都会向收单行收取一定比例的费用，这一费用是多家成员银行同意的。当一个消费者使用银行卡从商户购买产品时，收单行最终付给商户少于商品价格的货币，由于接受银行卡作为支付方式，商户必须给银行支付费用。商户服务费的很大一部分是由交换费决定的。商户将使用银行卡而发生的成本通过提高销售价格的方式传递给消费者。对于商户来说，交换费使其获得了利益，如安全、有保障的支付，防止欺诈和高效率的服务。对于消费者来说，不用直接支付交换费就能从中获得较大的利益。通过刷卡支付比现金支付更方便、更安全、更有效，特别是信用卡支付时，未授权的持卡人不负有责任，也就是说当银行卡丢失或者被盗后无须对

① 该价格主要包括发行成员的卡费和利息费用、商户扣率、收单成员的相关费用。

② 该价格结构中包括向发卡人收取的费用（主要是卡的年费）和向商户收取的费用（商户的扣率）。

③ See David S. Evans, "The Antitrust Economics of Two-Sided Markets", *Yale Journal on Regulation* 20(3), 2003, pp. 236 - 237.

④ See European Commission Competition, "Competition enforcement in the payment card market The e-payments case against the European Payments Council (EPC)", http://ec.europa.eu/competition/sectors/financial_services/enforcement_en.html, 2015.

购买所发生的支付承担责任。①

交换费的存在一定程度上协调了银行、消费者和商户的利益最大化,平衡了各参与方在银行卡支付中的利益。包括美国在内的一些国家都认为交换费协议发挥了重要作用。② 各国实践中大多数银行卡组织都在实施着交换费协议制度。我国在银行卡产业中也存在通过交换费协议来平衡发卡行和收单机构之间的成本与利润。我国过去执行银联制定的交换费协议,发卡行、收单行、银联之间按照7∶2∶1 的比例分配利润,2016 年9 月6 日开始执行《关于完善银行卡刷卡手续费定价机制的通知》,破除了这个比例,网络服务费由银行卡清算机构分别向收单、发卡机构计收。费率水平降低为不超过交易金额的0.065%,由收单、发卡机构各承担50%,即分别向收单、发卡机构计收的费率均不超过交易金额的0.0325%。

(二)交换费协议的反垄断法规制:美国国家银行卡公司(NaBanco)案例与澳大利亚维萨(Visa)反垄断调查

在反垄断法视野中,普遍认为,银行卡组织对交换费的集中定价机制是一种横向固定价格的协议。但长期以来国际上对于交换费协议的反垄断法规制存在各种质疑。③ 由于银行卡组织的企业联营的特性以及交换费本身的经济复杂性,虽然集体设定交换费构成横向价格固定,但是也不能简单地适用本身违法规则予以禁止。应用合理分析原则来分析交换费协议是否必不可少,以及其带来的效率是否大于损害。在国外的一些反垄断法实践中,银行卡组织通常都需要证明交换费的设定以及价格的上涨是合理必要的,而且不存在其他可供选择的限制性较少的替代方案以实现类似的效率。否则,其交换费协议涉嫌违反垄断法。④

在1979 年美国国家银行卡公司(National Bancard Corporation)起诉维萨(Visa)一案中,NaBanco 主张交换费是固定价格的协议,侵犯了谢尔曼法。Visa 没有否认它固定价格,但是在抗辩中提出设置交换费是银行卡支付产品存在的需要。Visa 解释了在支付平台这一双边市场中交换费的重要作用,指出设置交

---

① See "Interchange: Facilitating Benefits to Cardholders, Merchants and Society", http://www.mastercard.com/us/merchant/pdf/Interchange_backgrounder.pdf,2016 年1 月2 日最后访问。

② See Julian Wright, "Why Payment Card Fees are Biased Against Retailers", *Rand Journal of Economics* 43(4),2012, pp. 761 – 780.

③ See Rochet J., J. Tirole, "Cooperation Among Competitors: Some Economics of Payment Card Associations", 33(4) *Rand Journal of Economics* 549 – 570(2002).

④ 参见江山:《银行支付卡组织的反垄断规制研究》,载《价格理论与实践》2013 年第5 期。

换费的目的是提供了这样一种机制:“分配和未来利益相关的支付系统的成本以鼓励成员从事发卡和收单的适度平衡。”区法院和第十一巡回上诉法院支持了 Visa 的主张。第十一巡回上诉法院支持了区法院在案件中运用的合理分析原则,认为在具有双边市场特征的支付卡行业中,交换费为银行卡联营企业的成员之间创造了一个有潜在销量的协议。在 Visa 支付系统中可能的收入来源于两方,即持卡人和商户。发卡行和与商户签约的收单行之间是相互依存的关系。如果发卡行从持卡人处得到的收入不足以弥补其发行卡的成本,则这项银行支付服务将被减少或取消。从而使用银行卡的人也会减少,并同时减少商户签约银行的收入。因此,交换费协议是伴随银行卡各方之间产出和分配的协调而产生的,这种协调能够增加整体效率。第十一巡回上诉法院指出,“区法院提交上来的大量证据显示,交换费协议能促进竞争,并且确保 Visa 系统生存的关键因素——普遍接受”。虽然双边市场的经济分析本身不能说 Visa 的交换费是否导致了最优的价格结构,但是第十一巡回上诉法院正确地认识到交换费的经济作用,这种价格结构考虑了支付平台的两边市场。

澳大利亚皇家银行(Reserve Bank of Australia,RBA)在对 Visa 的调查中做出了不同的结论。其认为 Visa 的交换费太高,以至于鼓励了澳大利信用卡的过度使用。依据交换费经济模型,银行卡组织通常会设置一个比社会最优价格更高的交换费价格。企业可能有比社会更多的激励去设置交换费。因为即使对商户来说,Visa 卡比其他替代方案成本更高,但商户如果能通过使用 Visa 卡来增加销售量,则愿意接受 Visa 卡。澳大利亚皇家银行认为这些增加的销量是以其他商户为代价的,没有带来社会利益。要求所有的商户集体接受 Visa 卡,并没有或者很少增加销量。因此,Visa 利用个别商户的意愿要求所有商户都支付交换费,剥夺了商户选择价格的权利,而且这种剥夺源于私人利益而不是社会利益。在回应这些问题时,澳大利亚皇家银行基于对发卡机构和收单机构成本的分配,提出了规制交换费的框架。该交换费的制定依据的是在发卡行和收单行之间的利益分配,但是没有考虑商户和消费者需求方的利益。澳大利亚皇家银行决定交换费的方法没有考虑银行卡双边市场的特点,缺少经济依据,没有考察社会最优价格结构依赖于成本和需求的复杂分配。仅仅看重成本而没有把成本分配给一边或另一边是不合理的,这可能会减少双边市场中消费者的总福利。①

---

① See David S. Evans, “The Antitrust Economics of Two-Sided Markets”, *Yale Journal on Regulation* 20(3),2003,pp. 79 – 82.

因此,对交换费协议的反垄断规制并没有形成一致的意见,①一些决策制定者认为交换费协议对卡支付方案是非常重要的,而另外一些则认为相反,银行在没有交换费额外刺激的情形下也会有巨大的激励去发行银行卡。一些国家的交换费协议被进行了反垄断调查,但是可以通过证明具有总体上的积极创新效应和高效率,并且使消费者也公平地获得这种利益,而被豁免。但是,一些国家竞争执法当局发现在四方支付体系中的交换费协议违反了反垄断法。有的国家规制交换费协议是因为对商户扣率固定了最低限度,并且对于支付体系运行是不需要的。欧盟在万事达卡(Master)案判决中总结认为,交换费协议是企业联合做出的决议,在客观上对于四方支付体系并不是必需的;在一些国家中存在没有交换费协议的银行卡体系;即使没有交换费协议发卡行也会从卡的发行中收到利益,如储蓄卡中的储蓄资金和信用卡中的利息收入;一些国家中多边交换费很低但是并没有减少卡的发行。现有美国交换费方案的研究表明,交换费用不是必不可少的。而对交换费协议的规制是有助于银行卡运行的,多数国家把交换费协议纳入符合竞争规则和目标的轨道上来。

二、第三方支付机构介入后交换费协议的维持

第三方支付的出现,在一定程度上是受到交换费的激励。由于交换费平衡了电子支付体系的成本和利润,所以它鼓励了市场中的创新和投资,②一些通过互联网和移动电话支付的新型支付工具出现。交换费协议在第三方支付中起到了重要作用,也是研究第三方支付行业垄断协议中首先要予以关注的。如前所述,传统电子支付领域中的交换费协议在反垄断法中饱受争议,并且对其的反垄断法规制也处于不断发展之中,③特别是在第三方支付行业中这样的交换费协议为市场带来的效果又有所不同。本书主要以转接模式变迁中银联对第三方支付机构采取各种手段维持交换费协议为线索,分析第三方支付机构统一接入支付清算机构所可能产生的限制竞争问题。

---

① See Frankel A S, "Towards a Competitive Card Payments Marketplace", *Payments System Review Conference* 11, 2007, pp. 29 – 31.

② See Julian Wright, "Why Payment Card Fees are Biased Against Retailers", *Rand Journal of Economics* 43(4), 2012, pp. 761 – 780.

③ See Hayashi, F, Maniff, J, "Interchange Fees and Network Rules: A Shift from Antitrust Litigation to Regulatory Measures in Various Countries", *Federal Reserve Bank of Kansas City* 10, 2014, pp. 1 – 5.

(一)第三方支付转接模式变迁下的交换费

在网联清算平台出现之前,第三方支付机构通常采取与商业银行直连的模式,银联一直试图要求第三方支付机构统一接入,统一价格,涉嫌利用交换费协议限制市场竞争。2016年9月6日开始执行的《关于完善银行卡刷卡手续费定价机制的通知》,固定了发卡行和银联服务费,银行卡清算机构分别向收单、发卡机构计收50%的网络服务费,破除了银联之前制定的交换费协议所确定的7∶2∶1的比例。该时期大部分第三方支付机构采取与银行直连的模式,直连模式中第三方支付机构可以绕开银联,减少网络服务费的成本。而银联要求所有的第三方支付机构均需统一接入其平台,就意味着第三方支付的收单行为必须向银联支付网络服务费。

2016年4月,中国支付清算协会代表大会通过"关于建设非银行支付机构网络清算平台的议案",10月,中国人民银行正式批复了网联筹建的方案。2017年3月31日,网联平台启动运行,[①]定位于处理由非银行支付机构发起的网络支付业务以及为支付机构服务的业务,支撑以电子商务等场景驱动的支付业务创新。[②] 网联平台建成运营后,第三方支付机构直连银行的模式被切断,第三方支付机构和商业银行都接入网联平台,网络支付业务转入间连模式。网联平台的核心是断直连,并为第三方支付提供基础设施,也解决了备付金集中存管的问题,接下来业界最为关注的是网联的收费机制及费率。虽然目前网联平台尚未出台最终的收费方案,但未来的费率应该会执行统一的标准。

无论是银联还是网联,第三方支付机构都统一接入,并向其缴纳手续费,事实上存在交换费规则。网联清算公司目前在市场上还没有全面收取手续费,尚未形成一致的交换费方案,因此下文主要就银联维持交换费的相关问题加以分析。

(二)银联交换费协议的维持

银联在2012年《关于规范与非金融支付机构银联卡业务合作的函》中指出,"非金机构向主要成员银行支付的实际手续费费率平均为0.1%左右,大大

---

① 网联清算有限公司第一大股东为中国人民银行清算中心(12%),第二大股东梧桐树投资平台(10%)是国家外汇管理局直属机构,支付宝(9.61%)和财付通(9.61%)股份相同位列第三方大股东,京东旗下网银在线(4.71%)紧邻其后为第四大股东。

② 《支付协会牵头成立"网联"》,载 http://paynews.net/article-32059-1.html,2018年9月3日最后访问。

低于银联网络内的0.3%～0.55%;银联提出,应尽快实现非金机构业务的统一接入、统一定价”。银联要求所有第三方支付机构均采取接入银联的方式,统一定价,也就是要遵守其制定的交换费协议。

第三方支付公司之所以要与银行直连,是因为可以免除上缴给银联的7∶2∶1中的“1”。这样的直连模式会使其他利用银联模式的支付行和银联受到损失,因为第三方支付机构直接与发卡银行进行连接,两方会重新协商各自的价格,银联就会失去一部分来自手续费的利润。银联无论是试图切断银行与第三方机构的直连,还是试图阻止第三方支付线下支付的发展,本质上都是希望通过连接银联,使第三方支付企业遵守交换费协议中的利润分成比例,维持其交换费协议所确定的既有的价格和交易条件。

我国2013年执行的《国家发展改革委关于优化和调整银行卡刷卡手续费的通知》中规定,“发卡行服务费和银行卡清算组织网络服务费实行政府定价,收单服务费实行政府指导价”。从这一规定来看,收单服务费实行的是政府指导价,这就意味着可以在指导价范围内展开竞争,银联不应干预收单服务费方面的竞争。第三方支付机构绕过银联直接与银行进行线下支付,不应该受到国家发展改革委定价通知的限制。特别是,在2016年执行的《关于完善银行卡刷卡手续费定价机制的通知》中规定,收单机构收取的收单服务费由现行政府指导价改为实行市场调节价,由收单机构与商户协商确定具体费率。第三方支付机构可以与商户自由设定收单服务费,绕过银联也无须向银联交付清算费用。这一方面可以降低第三方支付机构的成本,另一方面也可以减轻消费者负担。①

银联除直接要求第三方支付机构统一接入,统一价格之外,还利用联合抵制的方式来维持和执行其交换费协议。在前文所述中国银联抵制第三方支付企业的一系列的行为,都可以通过联合抵制方式维持其交换费协议。② 银联通

① 参见刘旭:《五问银联“收编”第三方支付》,载《东方早报》2013年9月24日,第9版。

② 2012年12月,银联对成员银行下发了《关于规范与非金融支付机构银联卡业务合作的函》,指出非金机构普遍绕开银联网络,损害了成员银行的利益。2013年7月,银联又提出《关于进一步规范非金融支付机构银联卡交易维护成员银行和银联权益的议案》。该议案提出:“各成员银行停止向非金机构新增开通银联卡支付接口,存量接口上不再新增无卡取现、转账、代授权等银联卡业务,2013年底前,非金机构线下银联卡交易以间联或直联模式一点接入银联网络,商业银行不再保留其与非金机构银联卡线下交易通道,2014年7月1日前,实现非金机构互联网银联卡交易全面接入银联,对已接入银联网络的,商业银行不再保留其与非金机构线上交易通道。”2014年11月银联下发《关于进一步明确违规整改相关要求的通知》,要求成员机构迁移绕银联转接交易量,将绕过银联的业务逐步迁移至银联平台。

过决议约束所有银联成员,不允许其成员银行直接与这些第三方支付机构开展支付业务,并对违背者予以惩罚,最终的目的就是维持交换费协议。

无论是银联直接要求第三方支付机构的统一接入,还是通过联合抵制要求成员银行拒绝为第三方支付提供交易通道,本质上都是对交换费协议的维持。如果说传统反垄断法对交换费协议采取较为容忍的态度,①那么当第三方支付介入后银行卡组织利用交换费协议限制其竞争,则需要反垄断法给予特别关注。我国现有交换费由银联制定,第三方支付企业虽然也被纳入银联的成员,但是并未参与该协议的制定,也没有参与交换费比例的制定。如果要求第三方支付企业执行银联制定的交换费协议,并且一旦绕过银联就进行处罚,事实上限制了收单市场上竞争。如果除了限制竞争之外,并未使消费者获益或者并未能降低交易费用,且存在其他更有效率的可供替代的方案,则该交换费协议受到反垄断法规制。

三、交换费协议对第三方支付市场的限制竞争分析

交换费协议作为一个横向固定价格的协议,虽具有限制竞争的作用,但是由于其在平衡成本中所起到的作用,我国反垄断法未对其进行规制。但在第三方支付机构进入支付市场后,交换费协议的限制竞争效果以及其效率因素,应当予以重新分析。分析的重点应当是考察交换费协议是否损害了收单机构之间的竞争,是否损害了第三方支付企业之间的竞争,是否会提高商户的支付成本并且最终增加消费者购买产品的价格,且不存在豁免。下文主要对交换费协议限制第三方支付竞争的效果以及相关豁免进行分析。

(一)限制电子支付市场上的竞争

在原有银行卡支付系统基础上,第三方支付主要介入的是收单和结算信息转接环节。在收单环节参与分配的主体较多,包括了银行、银联以及第三方支付机构,利润由多个参与者分配。而第三方支付机构在收单环节参与利润分配,与银行卡组织及其成员银行产生了竞争关系。当消费者购买了商品,将支付信息发送给第三方支付机构,然后第三方支付机构将支付信息传递到发卡行,发卡行将按照支付信息将资金划转到商户的银行。其中,第三方支付机构

---

① See Hayashi F., Maniff J., "Interchange Fees and Network Rules: A Shift from Antitrust Litigation to Regulatory Measures in Various Countries", *Federal Reserve Bank of Kansas City* 10, 2014, pp. 1 – 5.

作为收单机构承担了收单和资金结算的功能，特别是第三方支付机构与多家银行进行直联，进行转接清算相关的业务，这与银联所从事的资金清算和信息传递功能和业务相同，两者之间成为竞争关系。在原来唯一的支付清算机构之外又出现了类似的机构。同时，在原有的线下收单市场有两种方式——直连模式与间连模式，在直连模式中，银联不参与收单业务，只从事资金清算转接，但是在间连模式下，银联也从事收单业务，而第三方支付也试图从事线下收单业务，用来实现电商货到付款。这与第三方支付形成了直接的收单业务竞争。第三方支付机构和银行直连后，银联无法获取网络服务费，第三方支付企业和发卡行通过谈判分成这部分利润。所以，第三方支付与银联在收单业务和资金清算业务中都形成了竞争。正是由于存在这些竞争关系，就出现了银联利用交换费协议限制第三方支付竞争的行为。

银联通过制定交换费垄断协议固定了交换费的价格，不允许绕开银联的收单行为，使这种横向协议具有一致对外性。第三方支付企业原本可以和银行单独议价，通过和多家银行谈判，第三方支付机构之间、银行之间均展开竞争，最终在市场中形成价格，不仅有利于市场竞争，也有利于消费者福利的增加。但是，银联不断利用其制定的业务规则和价格协议限制第三方支付服务，要求所有第三方支付接入其清算平台，从而按照交换费协议向银联支付收单利润的分成。

银联不但统一非金融机构与成员银行间手续费费率，还利用交换费协议，组织其成员银行实施限制价格的竞争协议。这种交换费协议不仅是一种横向垄断协议，而且银联利用这种横向垄断协议抵制新的从事支付服务的收单机构，强制要求新进入市场的第三方支付企业通过银联，执行其制定的横向协议。这一方面为第三方支付企业进入市场设置了障碍；另一方面也限制了银行之间的竞争，损害了第三方支付市场中的公平竞争秩序，损害了消费者福利和社会公共利益。

（二）效率分析

对于第三方支付企业是否有必要适用交换费协议，还要用合理性原则分析遵守该价格协议所带来的效率和社会福利是否大于其带来的竞争损害。也就是说，该交换费协议是否可以基于效率的因素予以适用规制豁免。

在分析交换费协议适用于第三方支付企业是否会产生经济效率时，应注意两个问题。首先，该价格协调行为是否有绝对的效率？即要考察交换费协议对于第三方支付市场是否绝对有效率；银行卡组织所协调制定的价格是否为最优价格。其次,该价格协调行为是否有相对效率?即要考察第三方支付遵守交换费协议是否比不遵守交换费协议更有效率。事实上,在大部分有绝对效率的协议也会有相对效率。①

银联强制要求第三方支付机构适用其交换费规则,会增加第三方支付机构成本。而第三方支付直连银行的模式降低了收单成本。银联要求第三方支付机构统一接入其平台,执行交换费规则,不但限制了收单市场竞争,而且使收单市场中分取交换费利润的机构增加,而这种增加是没有必要的,从而导致消费者福利的减少。如果第三方支付机构可以不通过银联直接与银行商谈价格,会大大降低银行和商户的成本。因为分取交换费利润的收单机构减少,第三方支付机构所收取的费用必然会低于通过银联渠道的价格。

从银行的角度来看,与第三方支付机构直连,不会减损其支付效率。直连模式中交换费的减少,不会使银行发生损失。第三方支付业务最终的支付结算是建立在银行卡的基础上的,如果交换费低到让银行受损失,银行就会拒绝第三方支付的业务,第三方支付机构就失去了发展的基础。同时,银行目前已有银联支付清算平台可供其选择,如果与第三方支付机构之间的交换费太低,会选择与银联支付平台合作。因此,第三方支付机构与银行之间关于交换费的协商,是建立在市场竞争的基础上,避免了交换费太低损害银行利益的情形。

由此可见,银联的交换费规则在第三方支付市场上没有带来效率,相反,绕开银联,也就是在没有银联交换费规则的约束下,第三方支付成本降低,使消费者福利增加,市场才更有效率。在此市场效率中的消费者福利占有重要的比例。

(三)消费者福利分析

交换费是受理卡的总成本中的重要部分,银行、第三方支付机构及银联之间的交换费比例,决定了第三方支付企业对商户收取的使用费,并且这种成本最终会计算到支付服务的价格中传递给消费者。② 在双边市场中,考虑到限制竞争行为在不同市场上的影响,评估对不同消费者群体的影响是复杂的。当评估第三方支付市场上潜在的限制竞争行为的影响时,应该考虑它对商户和消费

① See David S. Evans, "The Antitrust Economics of Two-Sided Markets", *Yale Journal on Regulation* 20(3),2003,pp. 236 – 294.

② See Maria Chiara Malaguti, "Alessandra Guerrieri Multilateral Interchange Fees: Competition and Regulation in Light of Recent Legislative Developments", *ECRI Research Report No.* 14,2014,p. 21.

者所带来的不同影响。

第三方支付机构适用交换费规则,会增加第三方支付成本,增加商户的扣率。而第三方支付直连银行的模式降低了收单成本,会降低商户扣率,给消费者带来福利。当商户扣率减少时,商户可以自己保留一部分因扣率减少而带来的利润,并以降低产品和服务价格的方式将另外一部分利润传递给持卡人和别的消费者。相反,如果第三方支付机构分配到的交换费利润较少,必然会将一部分成本转嫁到消费者,这会使消费者福利减损。① 当然,交换费的降低,会使商户以较低的价格将福利传递给消费者,从而会增加银行卡的支付,当银行看到第三方支付中卡支付增加,它们可能试图对持卡人和其他银行客户增加价格。但是在银行卡双边市场条件下,这种情况会使持卡人考虑转换银行,并且任何银行的集体提价行为都会面临监管机构以及反垄断的调查,从而制约到银行价格的提高。

通过上述分析,第三方支付机构与银行直连,协商确定关于交换费的收取比例,有利于消费者福利的提高。而银行卡清算组织要求第三方支付机构统一接入,维持其交换费利益,会增加银行、第三方支付机构的交易成本,并且将增加的成本转嫁给商户和消费者,最终损害消费者的福利。

综上,虽然对交换费协议的反垄断规制存在不同意见,但是普遍承认的是,新卡发行或新的支付系统开始运行时存在障碍,因而在推出新卡或新的支付系统时需要交换费协议,如果支付卡的使用和需求已经很普遍或支付系统已经非常成熟了,交换费协议则并不需要。目前,我国支付体系基本完善,已经不再是刚刚建立之初由银联决策在银行之间需要一个交换费协议。特别是在第三方支付机构介入电子支付体系以来,所发生的费用也可以由直接参与的各方机构按成本进行分配。虽然目前所有网联支付业务都需要通过网联来实现转接清算,但是在制定费率时要充分考虑对市场竞争的限制以及消费者福利和效率的影响。

① See OECD, "Competition and Payment Systems DAF/COMP", http://www.oecd.org/competition/PaymentSystems2012.pdf, July, 18, 2016.

第四节　支付标准化的垄断性分析

广义上的标准有质量标准、安全标准、技术标准，狭义上的标准是指技术标准。[①] 反垄断法中研究的标准问题主要是指狭义上的技术标准。标准化就是制定标准和进行标准认证的活动。反垄断法对利用标准限制竞争的规制主要体现在禁止以标准化的名义实行价格联盟、以标准化为由进行联合抵制等。[②]

一、支付标准化的反垄断法规制

（一）支付标准化与竞争

1991 年国际标准化组织（International Organization for Standardization，ISO）与技术委员会（International Electrotechnical Commission，IEC）发布的《标准化与相关活动的基本术语及其定义》第 6 版中将"标准"定义为："由一个公认的机构制定和批准的文件，它对活动或活动的结果规定了规则、导则或特性值，共同和反复使用，以实现在预定领域内最佳秩序和效益。"1983 年 ISO 发布的第 2 号指南对"标准化"的定义是："针对现实的或潜在的问题，为制定（供有关各方）共同重复使用的规定所进行的活动，其目的是在给定范围内达到最佳有序化程度。"[③]标准化包括制定、发布与实施标准的过程。在欧盟，标准化本质上是在标准制定组织协调下市场主体选择一个通用技术规范的自愿过程。[④] 虽然标准化组织成员间存在直接的竞争关系，但在标准的制定过程中，很容易出现成员间的协调行为和联合行为。成员之间为设定统一的标准而开展的协调与联合行为，存在垄断协议的可能。[⑤] 因而，有学者认为，标准制定是建立在横向竞争者之间的协议基础之上的，其行为应该受到反垄断法的审查。

---

① 参见吴太轩：《技术标准化的反垄断法规制》，西南政法大学 2010 年博士学位论文，第 15 页。

② 参见刘继峰：《反垄断法》，中国政法大学出版社 2012 年版，第 56 页。

③ 叶明：《行业协会限制竞争行为的反垄断法规制》，法律出版社 2010 年版，第 141 页。

④ See "Guidelines on the Applicability of Article 101 TFEU to Horizontal Co-operation Agreements, Section 7", http://eurlex.europa.eu/LexUriServ/LexUriServ.do? uri = OJ:C:2011:011:0001:0072:EN:PDF, July, 18, 2016.

⑤ 参见吴太轩：《技术标准化的反垄断法规制》，西南政法大学 2010 年博士学位论文，第 83 页。

在电子支付行业中，支付标准化就是制定、发布和实施支付标准的过程。支付标准化主要是指技术标准化。我国支付产业中尚未形成行业的统一支付标准，但是在行业细分领域出现了标准化趋势，如移动支付产业的支付标准化。支付标准统一有利于行业的发展。在第三方支付市场中，对相关支付技术进行标准化以后，可以避免支付企业的重复投资研发；减少技术开发成本，也可以减轻消费者获取信息与进行比较的负担。① 但是在支付标准化的过程中也产生了限制竞争的问题。技术标准包含着巨大的商业利益，参与技术标准制定的组织和企业，特别是具有垄断地位者，基于自身利益最大化的需要，实施各种操纵行为，影响技术标准的政策出台，②而且会导致潜在竞争的损失。此外，支付标准统一后，企业通常不能开发新的标准，只能基于当前的标准来设计产品，这样就会限制到技术进步。同时，因为标准的开放性，其所包含的一些标准必要专利相关的技术许可就具有公共性，然而权利人出于追求经济利益的目的，可能会凭借其必要专利所产生的"锁定效应"而不合理地抬高其专利许可费，或者排除行业中的竞争对手。③ 特别是，第三方支付网络效应的存在，也会增加标准对用户形成的锁定，限制竞争会进一步强化。

(二)支付标准化的反垄断法规制

标准化行为的反竞争界定是非常困难的。④ 欧盟指南制定了标准化协议是否具有反竞争效果的评估标准：第一，该标准是被强制的还是自愿的。非约束性标准允许制定标准的当事人发展可替代的标准或产品，这比阻止各方生产与标准不一致的产品的标准形成的限制竞争效果要小。第二，进入标准。不接受第三方进入或者仅仅在歧视性条款下才能进入的标准要比自由进入标准具有更多的限制效应。对特定当事人的歧视性标准化协议也会存在限制效应。然而如果存在几个相互竞争的标准，或者存在与标准方案相竞争的非标准方案，则可能没有限制进入的效应。第三，标准制定过程的参与。如果所有受到标准影响的各方当事人都能够参与到标准的制定过程中，那么这种限制效应的风险是非常小的。标准的市场影响越大，允许自由参与就越重要。然而，如果存在

---

① 参见张小强：《网络经济的反垄断法规制》，法律出版社 2007 年版，第 198 页。

② See Herbert Hovenkamp, Markd. Janis Marka Lemley, "IP and Antitrust", *NewYork*: *Aspenaw & Business*, 2002, pp. 34 – 35.

③ 参见王晓晔：《必要标准专利反垄断诉讼问题研究》，载《中国法学》2015 年第 6 期。

④ See Mario Mariniello, "European Antitrust Control and Standard Setting", *Bruegel Working Paper*. 2013, p. 4.

几个相互竞争的标准或者能够证明只有限制参与才有可能制定标准,将没有限制性的影响。第四,市场份额。当分析标准化协议的效应时,依据该标准生产产品的市场份额应当被考虑。然而,高市场份额不是一定会限制竞争。欧盟委员会认为,标准的有效性经常是和参与制定标准的企业的市场份额成比例的。[①]如果确保标准化制定的过程是透明的,市场主体均可以没有限制地参与,并且可以公平地进入标准,则标准化组织所制定的标准不会被认为损害竞争。[②]

我国第三方支付市场上旨在统一支付标准的行为应给予反垄断法关注,分析支付标准化是否有限制竞争的效果,考察支付标准化过程中是否存在有损害竞争规则之处。具体可以借鉴欧盟的做法。根据欧盟对标准化协议限制竞争的评估因素来看,应该从制定过程、市场进入、标准滥用等几个方面分析。考察支付标准统一的过程中是否是开放的,标准制定之后是否允许新的市场竞争者进入,是否允许开发新的标准,是否允许生产标准下的多样化产品,都应该是对支付标准化竞争效果的评估因素。

首先,要考察支付标准的制定过程是否开放、公平。[③] 支付标准化会促进内部操作提升竞争,但是需要确保标准化的过程没有限制非参与者的机会。[④] 即考察在支付标准制定过程中是否有行业内主要支付企业的参与,制定的过程应当是开放的,并公布相关信息;考察在支付标准制定过程中是否受到了具有垄断地位的支付企业的市场支配力量的影响;最终使用的标准是否为处于垄断地位者依靠其市场支配地位使其技术变为标准。其次,要对标准制定后的市场进入进行评估。标准具有锁定效应,一项技术一旦成为行业标准,即使它不是最优的,但是改变这个标准重新制定一个标准是非常困难的,这在经济学被称为路径依赖。标准的锁定效应使新的进入市场比较困难。因此,要考察支付标准确立后市场进入的难易程度。最后,要考察是否允许开发新的标准。即在制定

---

① See Simon Harms, *EU Competition: Industry Standards and Antitrust Compliance*, Greenberg Traurig Maher LLP 3(2011).

② See Mario Mariniello, "European Antitrust Control and Standard Setting", *Bruegel Working Paper*, 2013, p. 12.

③ See European Commission, "Green Paper Towards an Integrated European Market for Card, Internet and Mobile Payments", Brussels, (11. 1. 2012), http://eur-lex. europa. eu/LexUriServ/LexUriServ. do? uri = COM:2011:0941:FIN:EN:PDF, September 12, 2016.

④ See "EU Opens Antitrust Probe Into E-Payment Services", *King & Spalding London*, September 27, 2011, p. 1.

了支付标准之后,是否仍允许其他标准在市场上存在,还是只能执行这一个标准。技术标准与行业标准不同,行业标准通常是针对质量而言,一个行业只有一个标准。而技术标准各有优劣,并不是非得执行一个标准。否则就将限制技术革新,阻碍技术进步,有损社会效益和消费者福利。

除要考察支付标准化协议的上述反竞争效果之外,还要对支付标准的滥用行为予以关注,特别是对与标准结合的专利标准与垄断问题予以高度关注。

二、欧盟支付标准化反垄断案例分析

在欧元开始使用之后,各成员国、欧盟委员会和欧洲央行侧重于倡导欧盟支付市场一体化,在单一欧元支付区里创建电子欧元卡支付方法。欧洲央行、欧盟委员会和欧盟各国政府指派欧洲支付委员会制定一个支付标准,将在线欧元信用卡和储蓄卡支付方案统一为单一的欧盟支付方案。

2011 年 9 月 26 日,欧盟委员会对欧洲支付委员会正在进行的互联网支付标准化制定展开反垄断调查。① 欧洲支付委员会是银行支付产业的协调和决策机构。欧盟委员会调查支付标准化过程以确保其不会限制竞争,特别是对市场进入和创新的限制,调查是否通过该支付标准来排除非由银行控制的新进入者和支付服务提供者。该调查是假设欧洲支付委员会的支付标准化会侵犯欧盟反垄断规则中禁止限制性商业条款。如果该标准被建立,限制将损害电子支付市场中的商户和消费者。排挤在线支付市场中新服务商和支付供应商,将会推高互联网支付服务的价格。这会违反欧盟竞争法限制协议的条款——《欧盟运行条约》(Treaty on the Functioning of the European Union,TFEU)第 101 条的规定。欧盟竞争委员会委员杰奎果 · 阿我穆僧亚(Joaquin Almunia)在声明中表示:"标准有利于保持互用性和竞争,但我们必须确保标准化流程不会限制新服务商进入这片市场的机会。"互联网的利用使解决在线支付的安全和效率需要成为必需,因而,欧洲支付委员会发展标准应受到支持。但是标准的建立、使用或者进入,都有潜在限制竞争的风险,包括限制非参与制定者的机会。欧盟竞争委员会承认就提升经济一体化而言,标准是重要的,能够导致较高的效率,对消费者来说价格和服务变得更好。2010 年欧盟的横向协议指南指出了一些不进行竞争关注的协议、委员会分析标准协议的方法、欧盟竞争规则下的程序。

① See "EU Opens Antitrust Probe Into E-Payment Services", *King & Spalding London*, September 27, 2011, p. 1.

但是欧盟竞争委员会也会关注支付委员会制定电子支付标准的工作,特别是电子支付框架,可能会排除在电子支付市场上与银行有竞争的新进入者。

2013年6月13日,欧盟竞争委员会宣布终止对欧洲支付委员会网络支付标准化的反垄断调查。欧盟竞争委员会的终止调查是在欧洲支付委员会宣布中止发展电子支付框架之后的,并且也停止任何别的有相同目的和效果的标准制定。这项宣布以后,该案的起诉者德国在线网银(Sofort AG)撤诉,欧盟竞争委员会遂终止了调查。①

金融支付服务业置于竞争法的监管之下并不惊奇。欧盟已经意识到在支付标准化过程中可能会存在限制竞争的行为,最后虽然在支付标准化进程停下来之后终止了调查,但是继续市场关注和监督。

三、我国移动支付标准化的反垄断分析

(一)从移动支付标准之争到支付标准化

我国移动支付行业开始于2006年中国移动支付的试运行,此后行业出现了近场支付(NFC)、双界面卡(SIMpass)、贴片卡、虚拟内存(SWP)、储存卡(MSD)等方案。2009年,中国移动宣布采纳频段为2.4GHz的RF-SIM方案。②接着,银联推出了13.56MHz的移动支付和基于SD卡的支付方案。围绕着2.4GHz标准和13.56MHz标准中国移动和中国银联展开了激烈的竞争。2011年,基于我国未来移动支付行业的整体发展,中国移动最终转向13.56MHz。中国移动和中国银联双方在标准上达成了一致,中国移动放弃以往主导的2.4GHz标准,转向中国银联主导的13.56MHz,并签订了移动支付业务合作协议,共同探索手机终端更多支付功能应用。这标志着我国移动支付标准的统一。目前,移动支付国家标准是指中国政府推出的以13.56MHz为标准的移动支付标准。

(二)移动支付标准化的反垄断分析

通常来讲,反垄断法通常只对私人制定标准化协议予以规制,法定标准在制定过程中较少有违反反垄断法。政府的设定标准通常都不会引发反垄断责

① See "European Commission Closes its Investigation into the European Payment Council's Standardisation Processes", www.kemplittle.com/site/articles/kl_bytes/european_commission_closes_its_investigation.html,8 July,2015.

② 参见李志中:《移动支付标准混乱困扰产业发展》,载《证券时报》2010年6月2日,第4版。

任。我国移动支付标准是在中国人民银行、工信部等主管部门领导下，联合银行、移动运营商、第三方支付等相关产业方建立的。中国人民银行组织了40多家相关单位成立移动支付标准编制联合工作组，几大运营商也都参与该标准的编写。这显然属于法定制定标准，可不适用反垄断法的规制。若经营者游说某项政府制定的标准，根据美国本灵顿原则(Noerr-Pennington)，个人或企业试图影响法定标准选择的行为可以免于追究其反垄断法责任，即使他们的游说的法案可能是反竞争的。[①] 虽然我国移动支付市场中银联与政府有着千丝万缕的联系，在标准制定过程中起到了主导作用，但是可以免于反垄断法的追究。

但是，统一标准也会减少用户的选择和潜在的技术竞争。在移动支付市场上，在支持标准化的同时，要确保标准化没有限制竞争，应当保持移动支付标准的开放性。目前发布的移动支付标准是基于13.56MHz技术标准，不兼容2.4GHz标准。移动支付国家标准统一，可以促进移动支付发展，但如果使支付标准唯一化，就会影响到竞争。13.56MHz和2.4GHz各有优势，各有发展空间，而且将来可能会出现其他更为先进的技术。因此，在国内支付市场上可以实行双标准运行，让金融系统的销售终端(POS机)同时支持近场支付的NFC技术和RCC技术，以市场来决定标准的选择和发展方向。

第五节　纵向垄断协议

与横向垄断协议相比，纵向垄断协议是人们至今没有普遍一致接受的经济理论。美国司法实践中对纵向垄断协议也并非一概持肯定态度。欧盟对纵向垄断协议也持谨慎评价的态度。[②] 但目前学界普遍认为，在产业链不同水平上的纵向协议通常会产生经济效率并且促进竞争。然而，纵向协议也会产生反竞争效果，会在不同程度上消除竞争或者使有效竞争变少。纵向反竞争协议是否具有反竞争效果，或者是否反竞争效果大于效率，都需要执法机构采取合理分析原则进行评估。

一、第三方支付行业的纵向垄断协议及特点

根据协议内容是否涉及价格固定价，第三方支付市场上的纵向协议主要分

---

① 参见张白沙、方宁珊：《统一、竞争与限制——技术标准化的反垄断规制》，载《法制与社会》2014年第12期。

② 参见郑泰安、郑鈜：《反垄断法律制度研究》，四川人民出版社2008年版，第91页。

为价格协议和非价格协议。[①] 纵向价格协议是指上下游企业之间达成的与价格有关的协议或一致行动。非价格协议是指在上下游之间达成的与价格无关的限制竞争的协议。无论是纵向的价格协议还是非价格协议,都会起到阻止市场进入和防止潜在市场进入的作用。例如,一个具有垄断地位的企业同下游企业签订了独家合作协议,会影响下游竞争企业进入该市场。第三方支付产业总体来说都具有规模经济的特征,形成规模效应的第三方支付企业与下游市场中某一家企业实施纵向限制协议后,有可能会使下游市场中别的企业生存困难,因为上游市场中企业的用户规模会给下游纵向协议企业也带来规模经济,从而使下游其他企业生存困难。而具体实施的这些纵向协议是否都是排除和限制了竞争,应适用合理性原则进行分析。

判定纵向垄断协议是否违法的主要考察因素包括双方当事人的市场势力、相关市场的竞争强度和市场进入障碍、商品的可替代性程度等。就双方当事人的市场力量而言,可以借鉴德国和美国的做法。例如,德国《反限制竞争法》第18条规定:如果纵向限制的规模过大,从而使市场竞争受到严重损害,反卡特尔法就可以宣布协议无效。美国司法部1985年颁布的《纵向限制性行为准则》具有较强的可操作性,明确指出如果实施纵向限制的企业市场份额不足10%,限制竞争行为可以不受政府干预。[②]

对于垄断协议的主体认定中,母子公司能否各自成为"经营者"从而认定之间的协议构成一个垄断协议,常常引起司法实践中的争议。美国与欧盟竞争法都使用了"单一经济实体理论"来界定企业集团,将其视为一个统一实体。[③] 按照母公司对子公司的控制力可以分为与全资子公司与非全资子公司的关系。母公司对其全资子公司拥有完整、全面的控制权,尽管在法律地位上两者各自独立,但在经济关系方面两者是一个整体,因此二者之间不存在真正意义上的竞争,不是"竞争者",不能被视为垄断协议的主体。但是母公司与其非全资子公司的情况则有所不同。虽然至今仍没有形成一致的观点和方法,但是,母公司对子公司的持股水平是法官判断二者之间能否被视为一个实体的重要因素。

第三方支付纵向一体化是其一个重要的商业模式,母子公司之间垄断协议的认定,也应该区分母子公司是否存在独立性,如果不存在独立性,如第三方支

---

① 参见古红梅:《纵向限制竞争的反垄断法规制》,法律出版社2011年版,第17页。
② 参见张靖:《论对纵向垄断协议的规制》,载《湖南师范大学社会科学学报》2008年第6期。
③ 参见张小强:《网络经济的反垄断法规制》,法律出版社2007年版,第166页。

付平台为电子商务平台的全资子公司,那么二者之间很难构成一个垄断协议。然而,这并不意味着母公司及其全资子公司之间的行为不会对市场竞争产生负面影响,这些负面影响可以由其他竞争法律制度予以规制,如母子公司作为整体限制、阻碍市场竞争时,可使用规制单一主体的滥用市场优势地位的法律制度进行规制。[①] 本书将母子公司关系的电子商务平台与第三方支付平台之间的限制竞争行为放入滥用市场支配地位进行分析,如电子商务平台与第三方支付平台的捆绑行为、第三方支付平台的价格歧视行为等。

二、独家交易协议

独家交易是纵向协议的一种,当一家企业只与另一家企业达成交易时就会出现独家交易。[②] 通常是指供应商与经销商通过合同、协议等方式约定供应商同意在特定的地区向经销商独家销售商品,或者经销商同意只从供应商处购买用于转售的商品,或者供应商或经销商相互承诺上述的约束。[③] 当独家交易与协议结合在一起时,便形成了独家交易协议。[④] 目前,我国反垄断法对纵向垄断协议所规定的法律条文较少,[⑤]主要规定了固定转售价格和限定最低转售价格两类最为典型的纵向价格垄断协议,但是对经济实践中大量存在的纵向非价格垄断协议的现象没有明确规定,只是在兜底条款中予以概括。[⑥] 在第三方支付市场上,由于支付产品不同于实体商品经济,在其所处的不同产业环节中,不存在产品的分销问题,第三方支付企业只是通过自身的服务,为用户利用其支付通道进行资金结算提供服务。因此,支付服务价格协议方面很难采取维持转售价格和限定最低转售价格等。就纵向非价格约束而言,实践中交易相对人使用

---

① 参见金美蓉:《核心卡特尔规制制度研究》,对外经济贸易大学出版社2009年版,第64~65页。

② See Robert. H. Bork, "The Antitrust Pardox: A Policy at War with Itself", *Maxwell Macmillan Canada*, 1993, p. 299.

③ 参见张穹:《反垄断理论研究》,中国法制出版社2007年版,第117页。

④ 参见董新凯:《论反垄断法对独家交易协议的规制问题》,载史际春主编:《经济法学评论》(第9卷),法制出版社2008年版,第4页。

⑤ 我国《反垄断法》第14条规定,"禁止经营者与交易相对人达成下列垄断协议:(一)固定向第三人转售商品的价格;(二)限定向第三人转售商品的最低价格;(三)国务院反垄断执法机构认定的其他垄断协议。"

⑥ 参见张靖:《论对纵向垄断协议的规制》,载《湖南师范大学社会科学学报》2008年第6期。

最多的就是独家交易。[①] 纵向非价格协议在第三方支付行业中也主要存在于独家交易。

2013 年 6 月 17 日，支付宝与天弘基金联合推出了理财产品：余额宝。当用户把支付宝里的余额资金转入余额宝时，就意味着购买了基金公司的货币基金，享有货币基金的投资收益。余额宝推出后首期的合作对象是“增利宝”，是天弘基金旗下的货币基金。在该合作模式中，天弘基金作为这个项目里面唯一的销售机构，支付宝是其唯一直销推广平台。余额宝只和天弘基金合作，不与其他基金管理公司合作，虽然并未出现书面的合同方式，但是这种协同一致的行为，也可以构成独家交易协议。

第三方支付市场中存在的独家交易协议，排斥了现有的市场竞争者，同时也阻碍了新的市场进入。对于新加入市场的竞争者而言，由于被剥夺了替代性的流通途径会产生市场壁垒。[②] 支付宝与天弘基金的排他性协议，不仅排斥了第三方支付市场上其他支付企业的竞争，而且抵制了互联网基金公司的市场进入。支付宝只与天弘基金合作，就不可能再与其他基金公司合作，排除了希望第二期接入余额宝的基金公司。这些基金公司作为天弘基金的市场竞争者，进入相关市场的难度将大大增加。特别是支付宝在第三方支付市场中具有市场优势地位，更进一步强化了这种市场进入难度。

综上，第三方支付行业中的垄断协议有别于传统垄断协议，即便是横向垄断协议，也不一定会损害社会福利，也有可能会促进经济效率。竞争法规制中必须全面考虑这些垄断协议对市场效率的影响，用合理原则进行灵活分析。第三方支付行业中的联合抵制行为主要体现在上游银行对下游第三方支付企业的抵制，这是由于第三方支付从传统支付中分取利润所引起的利益之争。中国银联作为银行卡成员的联合组织，与其成员银行联合抵制第三方支付企业的行为，排除了线上支付市场中的竞争，阻止了线下支付市场中的新进入者，损害了第三方支付的市场竞争。反垄断法规制的传统交换费协议本身存在质疑，加之第三方支付机构介入后，出现了不同的表现形式，需要进一步分析其限制竞争的效果。银联继续维持其交换费协议的行为限制了第三方支付在收单市场上的竞争，减损了消费者福利，且并不比第三方支付直连模式更有效率。第三方支付企业联合制定标准会带来一定的市场效率，但其中也存在阻碍标准的创新

① 参见郑泰安、郑鈜：《反垄断法律制度研究》，四川人民出版社 2008 年版，第 99 页。

② 参见刘继峰：《反垄断法》，中国政法大学出版社 2012 年版，第 225 页。

与技术进步的作用。应该从制定过程、市场进入、标准滥用等方面考察具体的评估因素,分析支付标准化是否有限制竞争的效果。第三方支付行业中的纵向协议通常是由上下游企业共同发起并主导实施的。由于第三方支付产业的一体化经营模式,使处于上下游之间的经营者之间更容易达成一致的意思表示,发生协同行为,并且交流方式和协同形式更为隐蔽。在第三方支付市场上,支付服务价格协议方面很难采取维持转售价格和限定最低转售价格。而纵向非价格协议主要的表现形式就是独家交易。

第四章　第三方支付行业经营者集中的控制

经济学上的“马歇尔困境”首先肯定经济规模，至于经济规模之上的垄断“困境”则需要结合市场和企业的主要活动来考察。[①] 经营者集中可能导致一种危险结果，即形成单边市场力量，而单边市场力量是滥用市场支配地位的前提。因此，对第三方支付行业的经营者集中应予以审查。而作为经营者集中主要表现的企业合并有横向合并和非横向合并之分，非横向合并包括纵向合并和混合合并。二者对市场竞争的影响不同。横向合并对竞争的损害更为直接和明显；非横向合并容易形成效率抗辩。[②] 第三方支付行业并购趋势下的经营者集中的效果分析及效率抗辩是作出垄断与非垄断区分的重要依据。

第一节　第三方支付行业的经营者集中审查

2006 年，美国易支付公司（PayEase Crop）以 250 万美元收购“易支付”，被称为中国第三方支付兼并第一

---

① 参见刘继峰：《反垄断法》，中国政法大学出版社 2012 年版，第 55 页。

② 参见孙晋：《反垄断法——制度与原理》，武汉大学出版社 2010 年版，第 137 页。

案,同年发生了西部支付的并购。此后,由于第三方支付行业实施支付许可制度,催生了更多的行业并购,加之,第三方支付处于行业发展初期,因此会存在行业的整合,发生较多兼并。2011 年 7 月中国人民银行颁发第一张支付许可证以来,已经有超过 269 家企业进入第三方支付领域。这些企业从事的业务范围多数没有覆盖法律所允许的所有支付业务类型。随着支付业务线上、线下不断融合,持有不同类型业务牌照的支付企业会在各细分行业业务之间寻求突破,进行业务范围的扩张,其中一些企业会依靠自身技术研发,拓展新的支付业务,而另外一些企业就会通过兼并收购有相关类型业务的支付企业来突破自身的业务限制。例如,易宝支付并购上海和付信息技术有限公司,中国支付通并购开联。同时,一些第三方支付企业也试图在扩大支付服务行业领域,也会通过收购一家在该领域内有较高市场份额的支付企业来完成。例如,2011 年支付宝收购安卡支付。第三方支付企业选择横向并购,涉足更多的细分市场和行业领域,扩大市场份额,以便居于相对优势的地位。除横向合并之外,也存在纵向合并,并且目前在第三方支付领域的并购是以纵向并购为主。除了一些电子商务企业早期建立了自己的支付企业之外(如淘宝与支付宝),还有一些电子商务企业为了实现交易中资金结算的便利性,会通过与第三方支付企业合并的方式进入第三方支付领域。由零售业进入互联网支付行业的案例并不鲜见,如京东商城收购网银在线、万达收购快钱 68.7% 的股份、平安收购壹卡会等。

在“后牌照时代”,并购重组将是第三方支付行业的发展趋势,在移动支付、O2O、互联网金融等领域,会有更多没有支付牌照的企业通过收购、兼并等方式进入第三方支付市场。第三方支付领域内呈现的收购兼并趋势,将会引发经营者集中的竞争问题。

一、第三方支付行业的经营者集中及审查

经营者集中是指经营者通过合并或者购买资产、股权等方式进行的企业经营行为。[①] 对经营者集中进行审查和规制,是各国反垄断执法实践中的普遍做法。[②] 反垄断法强调对经营者集中进行规制,是认为合并可能会导致合并后的企业限制产出和增加价格,这样会消除合并企业之间的竞争,特别是在参与合

---

① 参见赖源河:《公平交易法新论》,台北,元照出版公司 2002 年版,第 36 页。

② 根据有效市场理论,提升市场业绩,以及以更低的价格、更优的质量、更高产量的形式增加消费者福利的一个重要手段就是以减少市场过度集中的方式增加竞争。

并的企业是直接竞争对手的情形下。为防止经营者集中减少竞争就意味着政府要对即将发生的合并进行监管。但是,经营者的集中未必导致垄断和损害市场效率。虽然经营者集中能够提高供应商的市场力量,危害市场竞争秩序,损害消费者利益,但是也能促使节约成本,通过资产合并以更低的成本生产更好的产品,增加社会福利。对于一项经营者集中,如果做出的批准或拒绝是错误的,那么其代价是非常大的,消费者可能会为此付出更高的价格或者降低市场中的创新。因此,反垄断法的规制任务就是要区分出给消费者福利带来不利影响的合并。① 反垄断法规制的并不是经营者集中以后的优势地位,而是可能会损害到市场竞争的行为。②

第三方支付的经营者集中行为既会产生规模经济效应,也会存在限制排除竞争的影响。第三方支付企业的并购在一定程度内可以扩张业务,提高效率,增加竞争力。例如,支付宝收购安卡支付拓展了其海外支付业务。但随着第三方支付向金融以及其他领域的不断延伸,个别企业市场支配力不断强化,出现垄断,产生反竞争效果,并最终危及消费者福利。特别是少数第三方支付企业在市场中逐渐占有优势地位后,通过横向并购会进一步扩大其市场份额,巩固其优势地位,甚至出现垄断。通过横向合并和纵向合并,具有市场支配地位的企业进入上下游市场后,会导致原有市场竞争格局的变化,并导致一些垄断行为的实施。③ 第三方支付行业的发展需要一个公平有效的市场竞争环境。在第三方支付行业并购趋势不断加强的背景下,需要反垄断执法部门对第三方支付经营者集中进行审查,以便防止集中后的企业扰乱竞争秩序或形成垄断,以保护自由公平的市场竞争环境。

二、美国和欧盟经营者集中的审查标准

反垄断执法机构在对经营者集中进行审查时,要依据一定的标准去评估该

---

① See Issues in Competition Law and Policy (Volume Ⅲ), 1670 (American Bar Association 2009).

② 参见陈越:《经营者集中的反垄断法规制研究——以“谷歌收购案”为例》,载《重庆科技学院学报》(社会科学版)2013 年第 4 期。

③ 参见张素伦:《欧盟互联网行业反垄断政策及对我国的启示》,载《赤峰学院学报》(汉文哲学社会科学版)2013 年第 4 期。

项集中给竞争带来的消极影响,以便决定对该项集中是通过还是禁止。① 在不同时期,不同国家的反垄断执法机构对经营者集中的判断标准及具体措施也是不同的。

美国1914年《克莱顿法》第7条规定:"从事商业或从事影响商业活动的任何人,不能直接间接占有其他从事商业或影响商业活动的一人的全部或部分股票或资产,如果在国内任何地区的任何商业领域,该占有可能实质性地减少竞争或旨在形成垄断。"②该条规定确立了美国并购行为的审查标准,即实质性减少竞争(Substantial Lessening Competition,SLC)。即在判断一项并购实质性地减少了市场竞争,就应予以禁止。③ 具体的分析框架是由1997年的《合并指南》加以规定的。按照美国《合并指南》的规定,有关市场份额和市场集中的数据只是为分析集中的竞争效果提供了一个分析起点,接下来分析的是集中后的市场结构是否使厂商的行为更容易协调以减少竞争;市场准入分析也是美国《合并指南》所确定的一个十分重要的因素;此外,《合并指南》还要求美国的反托拉斯机关对集中所产生的销量因素和涉及垂危企业的集中予以特别关注。④ 美国的"实质性减少竞争"标准使合并审查较为严格,只要某一因素方面导致了竞争实质减少而又没有符合相关的豁免规定时,就要进行并购审查。

欧盟所确立的经营者集中审查的实体性标准是"严重妨碍有效竞争"标准,该标准经历了从"滥用市场支配性地位"标准到"市场支配地位"(Market Dominant,MD)标准再到"严重妨碍有效竞争"(significant impediment to effective competition,SIEC)标准的发展历程。⑤ 目前所采取的"严重妨碍有效竞争"标准的含义是:通常一项并购不应宣布该并购与共同体市场不相容并予以阻止,除非这项并购严重妨碍共同体市场或其相当部分地域的有效竞争。欧盟并购控制实体标准的改变,意味着欧盟现在更加强调合并对竞争的影响,而

---

① 参见陈越:《经营者集中的反垄断法规制研究——以"谷歌收购案"为例》,载《重庆科技学院学报》(社会科学版)2013年第4期。

② 尚明主编:《主要国家(地区)反垄断法律汇编》,法律出版社2004年版,第195页。

③ 参见魏华:《论经营者集中审查的实体性标准》,载《河南师范大学学报》(哲学社会科学版)2013年第1期。

④ 参见石俊华:《反垄断与中国经济发展——转型期中国反垄断政策研究》,经济科学出版社2013年版,第122页。

⑤ 参见刘和平:《欧美并购控制法实体标准比较研究》,载《法律科学》(西北政法学院学报)2005年第1期。

非市场支配地位本身。① 实际上,欧盟的审查标准经过不断完善之后,已经与美国的实质性减少竞争的合并审查标准趋同。无论是"严重妨碍有效竞争"标准还是"实质性减少竞争"标准,都强调对有效竞争造成实质性损害,市场份额和支配地位仅是并购反竞争效果分析的一个重要因素。

三、我国第三方支付经营者集中的审查标准

我国反垄断法对经营者集中审查的标准是"排除、限制竞争",但是没有对排除、限制竞争的程度作出规定。经营者集中只要具有或可能具有排除限制竞争的效果,就应当禁止该集中。② 在司法实践中多采取实质减少竞争的审查标准,这一标准尤其适用于第三方支付领域,可在促进第三方支付产业创新发展的同时,维护市场公平竞争的秩序。我国第三方支付行业是在零监管背景下发展起来的,第三方支付之所以能如此迅速蓬勃地发展起来,正是由于政府早期对互联网产业所持的开放态度。第三方支付产业的迅速发展亦与政府较为宽松的规制密不可分。但是,第三方支付市场能够持久发展并不断壮大,更需要一个公平有效的市场竞争环境。在具体的审查标准上,需要在维护有效市场竞争秩序这一原则的基础上,选择高度灵活、覆盖全面的审查标准,以更好地保护和促进第三方支付行业的发展,发挥规模经济的效益。

第三方支付行业总体上来说仍然处于发展阶段,对其进行经营者集中审查的标准,应该更侧重于对市场动态因素的分析,以竞争效率的实质变化为出发点审查并购带来的实际结果。在第三方支付经营者集中反垄断审查的规制层面上,一方面应该对市场动态效率进行考察,另一方面也要有效配合国家的产业政策和经济战略。实质减少竞争的审查标准本身具有的灵活性的特点,更加适应于第三方支付行业经营者集中的反垄断审查。③ 因此,第三方支付经营者集中的审查应选择以实质减少竞争为标准。

就目前的反垄断法实践,经营者集中审查是由三个基本的步骤组成的:(1)相关市场的界定和市场集中度的测度;(2)考察具体的市场因素以便决定

---

① 参见金美蓉:《核心卡特尔规制制度研究》,对外经济贸易大学出版社 2009 年版,第 64 ~ 65 页。

② 参见石俊华:《反垄断与中国经济发展——转型期中国反垄断政策研究》,经济科学出版社 2013 年版,第 123 页。

③ 参见陈越:《经营者集中的反垄断法规制研究——以"谷歌收购案"为例》,载《重庆科技学院学报》(社会科学版)2013 年第 4 期。

合并在多大程度上会提高市场力量并且损害消费者；(3)评估合并节约的成本所能够抵消的由于市场力量增加而带来的损害。下文从市场界定、竞争效果分析和效率分析三个主要的步骤对第三方支付经营者集中进行分析。①

第二节　双边市场条件下第三方支付相关市场的界定

自20世纪的后25年以来，反垄断政策增加了经济方法分析。这样就产生了许多重要结果。其中之一，就是许多国家在反垄断审查过程中遇到的市场界定问题。界定相关市场在反垄断执法中通常是对一个竞争行为分析的起点。②在对经营者集中、滥用市场支配地位的反垄断执法和司法中，首要的是要评估企业的市场力量，③而市场势力不是单独存在的，是同相关市场有联系。④ 评估企业的市场力量就要考量在市场中对企业的竞争约束，这首先就需要通过对相关市场的界定来确定。相关市场界定经常决定了一个企业是在市场里还是在市场外，其主要目的是为在调查反垄断事件中出现的问题提供一个背景。对于一些被指控为反竞争的行为，市场界定有助于确定被告是否有足够的市场力量去损害竞争和消费者。在经营者集中的案件，市场界定有助于确定能够约束合并后企业提高价格的企业。

一、第三方支付行业相关市场界定的影响因素

(一)第三方支付相关市场界定在双边市场中的共性与个性

第三方支付平台是双边市场，由于双边市场的平台两边具有交叉网络外部性，因而它们成为彼此的竞争约束。平台一侧的市场竞争不仅仅局限于该侧产品的定价或者用户数量，另外一侧产品的定价或者用户数量也会影响市场竞争的效果。因此，不能仅仅考虑一边市场的价格弹性，否则相关市场的界定将无

---

① See Issues in Competition Law and Policy (Volume Ⅲ), *American Bar Association*, 2009, p. 1670.

② 参见王晓晔：《必要标准专利反垄断诉讼问题研究》，载《中国法学》2015年第6期。

③ 这里的市场力量主要是指企业提高价格在竞争水平之上获得利润的能力。

④ 参见[英]马赫·M. 达芭：《反垄断政策国际化研究》，肖兴志、丁宁等译，东北财经大学出版社2008年版，第27页。

法反映真实的市场竞争状况。[①] 但是第三方支付企业与其他双边市场企业也有不同之处。第三方支付平台对商户和消费者提供的主要是支付服务,这不同于提供多种互补产品的双边平台,举例来说,其与搜索引擎平台对一边提供搜索服务而对另一边提供广告服务不同,也就是对平台两边的消费者提供的是同一种产品。这也导致第三方支付相关市场界定时有其自身的特点,不像其他双边平台企业相关市场界定中需要考虑依据哪一边市场来确定相关市场,如百度案中搜索服务市场和广告市场界定之争。在一些互联网产业中存在两组不同的产品和用户,需要分开界定两边的不同产品。但是在第三方支付市场中则不需要从两边分别去界定,这正是因为第三方支付企业对两边市场提供的产品是相同的,即支付产品,只是消费群体不同。因此,虽然大部分双边市场中存在两组不同产品、不同用户,但是第三方支付市场中存在一种产品、不同用户。第三方支付相关市场界定涉及双边市场的诸多问题,如以哪个价格来测试,但是不存在选择哪一边市场的产品来进行测试的问题。

双边市场中不同边上的产品价格不同,界定相关市场时对于要进行测试的价格并不明确。但是,第三方支付平台上的消费者与商户之间使用的都是支付服务,因此只需要对支付市场中的替代品进行测试。但是,对于第三方支付的增值产品应当予以重视。在支付产品利润微薄的情形下,许多平台已经开始注重增值产品的开发,利用增值产品来扩大盈利。因此,也要注意第三方支付企业对增值产品的竞争。在不同发展阶段,相关市场的划分也有所不同。在初期,线上支付和线下支付具有较为明显的划分界限,但是随着技术的不断开发和产品的不断扩张,线上和线下处于融合的趋势,这两个本来处于不同相关市场的产品可能会变成为同一个相关市场中。

上述不同给第三方支付行业相关市场界定带来特殊性,既属不同于单边市场的双边市场,但又具有与其他双边市场所不同的特点,这使其相关市场的界定既不同于单边市场的鉴定,又不能完全适用双边平台相关市场的界定。

(二)间接网络效应对第三方支付相关市场界定的影响

美国司法部和联邦贸易委员会确立了系列技术规则,以便判断一个企业在市场中是否有支配地位。从考虑中的企业开始并增加竞争者,市场界限(地理或产品维度)将导致一个小而非显著的价格增长,则在该市场范围内企业具有

---

① 参见杨文明:《互联网平台企业免费定价反垄断规制批判》,载《广东财经大学学报》2015年第1期。

市场支配地位。并且假设这个企业在该市场范围之外,不能约束到市场里的企业。对于双边市场,这种分析必须同时考察市场两边,应当考虑当前为两边市场消费者提供服务的所有企业。第三方支付市场界定中应考虑支付市场中的企业是否提供了足够的不同产品,这些不同产品在同一个市场中是否应该被考虑,如储蓄卡、支票、现金是否和第三方支付服务竞争。同时,也应该考虑别的支付企业进入第三方支付市场的能力。在考察进入可能性时,需要调查是否有进入障碍以及其程度的大小。根据美国《合并指南》中的价格测试,如果企业之间合并并且成为垄断者,合并后的定价是否能增加总价格的10%或者更多。单边市场中不需要特别考察在一边或另一边的价格效应。但是在双边市场中两边必须买一个产品,应该考虑网络效应对两边市场中价格的影响。考虑到网络外部性的影响,双边市场一边价格增加10%(另一边没有增加)远不如单边市场价格增加10%那样严重。同时,在测试中也不应该忽视另一边市场中的价格减少。不能只考察一边的价格影响而不考虑在另一边的影响以及两边之间的正反馈效应。[①] 在网络效应的作用下,基于两边市场用户的相互依赖性,合并后的企业凭借其规模效应也可以提高产品价格。[②]

在支付产业中运用传统相关市场的界定方法时,要考虑支付平台两边市场之间所产生的正反馈效应。特别是以价格为基础的分析方法来分析竞争约束,界定相关市场时,要进行正反馈效应分析。虽然互联网产业中传统的相关市场界定方法已经受到质疑,但目前仍然主要在使用以价格变化为基础的"假定垄断者测试"(Small but Significant Non-transitary Increase in Price,SSNIP)的分析方法来界定"相关市场"。那么,在分析价格增加的可能性时,就要考虑在各组用户之间间接网络效应所带来的正反馈效应。持卡人数量减少将导致商户数量的减少。并且如果商户数量减少,那么任何在商户边的利润也会减少。持卡人数量的减少使支付系统对商户的吸引力减少,因此会导致商户对支付系统的需求的减少(同时导致持卡人需求的减少)。如果这些变化没有被分析考虑,将影响发行和收单两边的利润率。阿姆斯特朗(Armstrong,2006年)认为,当考虑到网络效应时,平台每一边的需求则更具有弹性,价格增加的可能性更低。宋

---

① 参见李剑:《双边市场下的反垄断法相关市场界定——"百度案"中的法与经济学》,载《法商研究》2010年第9期。

② See David S. Evans, "The Antitrust Economics of Two-Sided Markets", *Yale Journal on Regulation* 20(3),2003,pp. 236 - 294.

珉哉(Song,2011年)发现,由于这些效应的存在需要双倍评估价格弹性。如果反垄断调查的主体是多边平台,在评估任何一边提高价格的可能性时,都需要去调查网络效应的强度。

第三方支付平台企业向两组不同的消费群体提供支付产品,具有极强的间接网络效应,这使其相关市场的界定需要考虑网络效应带来的影响。

首先,第三方支付市场中存在商户和消费者两组不同用户,两边用户需求互补,在间接网络外部性的影响下,彼此都成为对方的竞争约束。第三方支付企业对一边提高价格或者在任何另一边从事反竞争策略的竞争约束直接或间接来自支付平台的另一边或者两边。例如,第三方支付平台考虑增加商户边的价格,不得不考虑商户离开的程度;商户的损失对消费者一边的影响程度有多大;其他第三方支付平台获得这些客户的难度;通过正反馈效应增加在第三方支付平台一边的用户会为另一边用户带来的价值是多少;从事任何竞争的第三方支付平台在对其中一边用户做出决策行为时需要考虑竞争对手对另一边市场采取的竞争策略。比如,第三方支付平台企图在消费者一边从事排他性策略,竞争对手可能会采取对商户边或者两边的应对策略。

其次,间接网络效应也能限制供应边替代性和增加多边平台的进入壁垒。第三方支付市场中存在两组不同用户,因为双边市场存在明显的交叉网络外部性,两边用户需求互补,相互之间存在影响,彼此都成为对方的竞争约束。而且第三方支付市场有需求规模效应,在供应边的替代性受到需求边的限制。同时,在位第三方支付企业在各边已经获得了临界用户,已经在这些用户群体的正反馈效应中获得了利益。新进入的企业却不得不获得临界用户并且经常会为此花费较多时间。实践中,产品差异化和多归属性是进入者面临的困难中起关键决定作用的因素。

二、第三方支付市场的竞争约束

传统相关市场竞争约束的分析是从五力竞争模型展开的,[①]但在双边市场条件下,任何一边市场受到市场竞争的压力,都会影响整个平台的竞争状况,进而影响相关市场的界定,所以从定性判断的角度界定相关市场时,双边市场下的平台企业通常会面临更多的竞争约束。因为双边市场存在明显的交叉网络

---

① 参见杨国明、侯心媛:《第三方支付营销策略初探》,载《沈阳工程学院学报》(社会科学版)2006年第7期。

外部性，两边用户需求互补，彼此都成为对方的竞争约束，一方市场价格的变化必然会引起另一方市场的巨大波动。① 由于第三方支付平台具有双边市场的特性，与单边市场的企业相比具有更为复杂的竞争约束，以下几个方面的竞争，都能够对支付平台企业构成一定程度的约束效果。

（一）自身开发支付产品的非支付企业

第三方支付企业面临着自身开发支付产品的非支付企业在消费者或商户边市场上的竞争。在线下支付市场中，一些大型的商场或服务行业如健身中心、美容中心开发了自己的购物卡、消费卡，该类型的卡归属于储值卡，而发行这些卡的企业并不是双边平台企业，只是传统中的单边企业，支付交易只发生在与该企业从事商品交易的双方，但是其发行的这些卡具有支付结算的功能，与第三方支付在线下支付形成了竞争。

在电子商务市场上的一些企业也开发了自己的在线支付接口，特别是在B2B领域，很多大型企业直接开发和应用网上支付平台，与银行提供的系统接口连接，直接实现支付，不需要第三方在线支付提供商的支持。② 这些电子商务平台是为企业与企业之间商品交易提供服务的，这些电商企业通过建设网上银行接口，为多用户提供支付结算方案。在B2B平台用户之间发生交易后，资金即时到账到电子商务平台的银行账户，交易完成后，资金以数字返回到平台系统上，平台系统显示用户当前现金余额。当用户要求从平台系统提款现金到卡里的时候，由该电子商务平台公司财务核实提款数额，把相关金额转入提款银行卡中。这些电商平台开发的在线支付方式与第三方支付平台的支付形成了竞争。

（二）从事相同类型电子支付服务的银行类金融机构

银行同第三方支付平台从事了一部分相同的支付服务，但是二者并非在各边都展开竞争。银行除从事电子支付服务之外还有较多的支付业务及其他金融业务，因此，并不是在每一个领域都同第三方支付形成竞争，目前的竞争主要集中在具有相同电子支付服务的领域，包括线上支付和线下支付两个部分。传统的线下电子支付领域主要由银行和一些专业收单机构在竞争，第三方支付从

---

① 参见侯利阳、李剑：《免费模式下的互联网产业相关产品市场界定》，载《现代法学》2014年第6期。

② 参见杨国明：《网络支付产业链分析》，载《东南大学学报》（哲学社会科学版）2006年第6期。

线上向线下扩张的过程中，与银行在收单市场上存在较大竞争。在线上电子支付中，银行将其支付业务以互联网信息传输方式延伸到网上支付，主要是各大银行开发的网上银行业务在在线支付中占有较大比例。在 B2B、B2C、C2C 领域，均与第三方支付形成了竞争。此外，第三方支付在其增值服务领域也同银行形成了竞争。这些具体的竞争分析在前文中已有详细分析，此处不再赘述。银行类金融机构所从事的线上和线下电子支付服务对第三方支付形成了竞争约束。

（三）具有相同支付服务但不一定在各边都展开竞争的第三方支付平台

目前，大多数第三方支付市场平台都从事线上支付和线下支付业务，但并不是所有平台都从事这些服务。这就形成了一些平台之间具有相同的支付服务，也有不同的支付服务。在竞争中表现为在相同支付边存在竞争，在非交叉的支付服务边则不存在竞争。具有相同支付服务的第三方支付平台必然形成竞争，如快钱覆盖线上线下支付服务，与其他同样从事线上线下服务的平台形成竞争，但是并不是所有的支付平台都覆盖这两部分支付服务，有一些仅从事线上支付服务，有一些仅从事线下支付服务。因此，对于这些第三方支付平台，只是在相同支付服务边展开竞争，在其他边不存在竞争。例如，支付宝曾经和拉卡拉在线下支付服务中存在竞争，但是在线上支付中，二者不存在竞争；在移动支付中，中国移动与中国银联电子支付存在竞争，但是在互联网支付中二者是不存在竞争的。这些支付平台就相同的电子支付服务产品形成了竞争约束。

（四）从事有相同支付服务并且附加了增值服务的第三方支付平台

第三方支付平台中，有许多企业在提供线上支付业务之外还开发了一些增值服务，如支付宝不仅为商户和消费者提供了电子支付服务，还在平台上开发了余额增值服务，这些增值业务的竞争主要建立在支付业务基础之上。从第三方支付平台的竞争角度来看，附加增值服务的第三方支付平台不仅从在线支付服务中赚取收入，而且很大一部分收入来自其开发的增值服务。因而，这种增值服务也是对第三方支付平台的一种约束。支付宝不仅从支付服务中赚取收入，而且很大一部分收入来自这种增值服务，特别是余额宝。这种增值服务也是对支付服务的一种约束。这种增值服务对第三方支付形成的约束，决定了在对第三方支付界定相关市场时，要考虑将其划分到相关产品市场中。

三、第三方支付行业的相关市场界定

确定企业的市场力量首先要通过确定相关市场来确定其具体的竞争约束

范围,企业的市场力量是发生在一定产品和服务范围、一定时间和空间中的。界定相关市场一般需要考虑案件所涉及的相关产品以及相关产品竞争所影响的地域范围,①此外,在不少行业中也还存在产品展开竞争的时间范围。因此,反垄断执法实践中的相关市场主要包括产品市场、地域市场和时间市场。第三方支付行业的相关市场界定是,在第三方支付市场中可以将哪些产品界定为相关市场,多大地域范围内会有这些支付产品提供,在什么样的相关时间市场下可以存在相互替代的产品而构成相关市场。

(一)相关产品市场

相关产品市场是指根据产品的性能、用途及其价格,从消费者的角度可以相互交换或者相互替代的所有产品和服务,即与之形成有效竞争的商品和服务便构成了该商品和服务的产品市场。② 对产品市场的分析重点是对可替代性的分析。但是第三方支付又有不同类型和模式,所提供的产品之间存在差异,在相关市场界定时需要根据产品之间的差异进行替代性分析。下文从产品特性、产品价格、产品用途和消费者习惯四个方面对第三方支付市场进行界定。

1. 需求替代性分析

需求替代性分析是从需求者的角度确定不同商品之间的替代程度,主要考虑的因素是商品功能用途、质量认可、价格的接受以及获取的难易程度等。③ 在第三方支付市场中,所有这些支付方式,对于消费者一边基本都是免费的,对商户一边收取一定的手续费和扣率。但是在第三方支付产业中的这种价格敏感度并不具有优先分析的重要性。价格因素对使用者的影响已经不具关键性影响。首先,第三方支付对消费者来说都采取免费的策略,对商户一边的费率差距较小,导致这些产品的可替代性较强。如果仅以这些价格差异来界定相关市场,会导致相关市场的界定太宽。其次,第三方支付两组用户之间具有间接网络效应,就产品价格来考察相关产品市场,要考虑间接网络效应的影响。在间接网络效应的作用下,商户更为注重的是消费者的用户基础,是否有大量的消费者存在。如果对消费者一边不提高价格,只对商户一边提高价格,那么商户也是不会转向其他平台的。虽然存在多归属,但是可替代性却较小。所以,单

① 参见王晓晔:《必要标准专利反垄断诉讼问题研究》,载《中国法学》2015 年第 6 期。
② 参见高菲论:《美国反托拉斯法及其域外适用》,中山大学出版社 1993 年版,第 86 页。
③ 参见王先林:《中国反垄断法实施热点问题研究》,法律出版社 2011 年版,第 324 页。

独考察商户一边就会认为,价格需求弹性较小,由此界定的相关市场会太窄。因此,在第三方支付市场中价格并非相关市场界定的主要分析因素。

如前所述,第三方支付平台一个很重要的任务就是要将用户吸引到平台上,用户基础是第三方支付生存和发展的一个决定性因素。因此,用户习惯就非常重要。在第三方支付平台的先发优势十分明显,当一个平台的用户数量突破临界规模之后,会有更多的用户加入,而这些用户在习惯使用一个平台之后,就具有极强的黏附性,这被称为用户黏性。由于这种用户习惯,通常消费者不愿意再转向其他支付平台。此时的需求替代性很小,虽然存在多归属,但是产品的可替代性却十分小。但是还有一个因素值得注意,就是技术革新带来市场的动态竞争。例如,随着移动支付技术的不断发展,一旦培养了用户体验,就会发展十分迅速,可以突破线上和线下的界限。所以,如果考虑到技术革新的动力和市场的动态竞争,那么用消费者习惯去界定第三方支付市场,也会使得界定的相关市场太窄。

从产品特性来看,在第三方支付市场上存在不同特性的产品。根据我国相关法律及第三方支付实践,第三方支付的服务范围主要是网络支付、移动支付、预付卡的发行与受理、银行卡收单。前文已经对第三方支付产品的范围进行了详细的分析,并且划分为线上支付和线下支付。线下和线上处于不同的支付场景,线上支付主要在虚拟场景下进行,线下支付主要是实体场景下完成,但是在线上、线下融合的趋势下,二者也不能截然分开,在某一些产品上仍存在一定的替代性。特别是,对于线上和线下支付产品的转换在经济上十分容易,仅由于政策等制度环境而受到影响,因此,二者之间的替代性和市场潜在进入的可能性很大。其中,根据预付卡产品的性质,有线下使用,如百联卡;也有线上支付,如“支付宝预付卡”,实际上可与互联网支付划分为一个相关市场。此外,鉴于移动支付和互联网支付存在可替代性,也可划入一个相关市场进行界定。因此,鉴于线上和线下在一定程度上的可替代性,采用线上与线下的特性来划分相关市场是不准确的。

事实上,对第三方支付相关产品市场的界定应该从产品用途的角度分析。支付服务是一种中介服务,服务于基础交易。正是因为有消费,有商品和服务交易,才会发生支付。也就是说,有原因关系,才有支付关系。从支付方式本身划分不具有典型意义,应该按照支付所服务的基础关系来划分,更具有客观合理性。因此,应通过对基础交易的场景划分来界定第三方支付的相关产品市场。

目前商品和交易分为两类:一类是传统商品和服务交易,另一类是互联网的电子商务交易。在传统商品和服务交易场景中,通常还没有借助于互联网,无法使用网络支付。比如,消费者到实体超市去购物,无法使用互联网支付方式,使用现金、POS 机刷卡、线下移动支付或者采用商场的线下预付卡进行支付,此时,线上支付与线下支付不具有可替代性,二者就分属于不同的相关市场。在电子商务交易环境下,按照服务对象不同,又可以分为 B2B、B2C、C2C 等市场,在判断相关市场时,应考虑消费边不同用户来考察对支付方式的需求。在 B2C 和 C2C 市场中,由于发生支付的一边用户是消费者,通常都采取的是既可以采取线上支付也可以采取线下付款的方式,这些产品的可替代性较强,无论是线上支付方式或者线下支付方式,消费者均可以选择,如线上购物、线下现金支付或在 POS 机刷卡支付的方式,在这两个市场中,线下支付对线上支付也产生了竞争,移动支付也会对线上支付带有某种程度上的竞争。因此,所有这些支付产品,包括网上银行支付、互联网支付、移动支付、POS 终端服务等都应该是处于一个相关市场。在 B2B 市场中,用户主要是在线交易的企业,由于资金量较大,所以企业主要是与银行合作,采取银行网上跨行转账,第三方互联网支付应用较少,而其他的线下支付方式,如移动支付、POS 终端支付几乎不使用,那么这些支付产品的替代性很小,并不能划分为同一个相关市场。

在第三方支付相关产品市场界定中还存在一些值得注意的问题。在第三方支付相关产品市场界定时需要界定其与传统银行支付服务,如现金支付、票据支付和电子货币传输服务等的区别,是界定为整个支付服务市场还是只是第三方支付服务市场。此外,向不同消费者提供的支付服务是否需要界定为两个不同的相关市场,如像银联电子支付等一些第三方支付机构并不对普通消费者个人提供服务,是否可以独立构成一个相关市场等,也是在第三方支付相关产品界定中需要考察的问题。

2. 供给替代性

供给替代是从经营者角度确定不同商品之间的替代程度,着重于从目前以及潜在的竞争者角度来评价竞争压力。① 主要考虑的因素是其他经营者改造生产设施的投入、承担的风险、进入目标市场的时间、转产后商品的市场竞争力以

① 参见王先林:《中国反垄断法实施热点问题研究》,法律出版社 2011 年版,第 328 页。

及销售渠道等。第三方支付企业转换支付方式十分容易。第三方支付产业中，当固定成本投资以后边际成本递减，所以，第三方支付企业从一种产品转向生产另一种产品的成本相对较低。这也是线上、线下支付方式不断融合的一个原因。从这一角度考虑，第三方支付服务的供给替代性很强。

但是，此处需要注意的是基础交易场景的制约和国家市场准入政策的制约问题。首先，在一些实体商业场景下，在传统实体商品交易中的支付方式很难用互联网支付来完成，所以，受基础交易场景的制约，互联网支付与POS支付是不能划到一个相关市场的。因此，依据供给替代性分析很有可能使第三方支付相关产品市场界定太宽。同时，受国家管制政策的影响，第三方支付平台从一种支付方式转向另一支付方式是需要经过审核通过的；对支付的额度和模式也会受到上游产业银行和银联的制约。如各大银行对支付宝的限额，银联禁止银行与第三方支付直连等。这些都会影响到第三方支付的支付产品的转换。此外，许多第三方支付企业除了基础的支付业务还开发了一些增值业务，这种叠加式的业务结构会为其带来更为广泛的用户基础，使其他企业的产品很难替代，在一定程度上无法构成合理的供给替代。

3. 假定垄断者测试

假定垄断者测试设计了一个假定的利润最大化垄断者的理论实验。假定垄断者测试是一种虚拟的测试方法，是通过相关数据来模拟完成的。其考察的问题是，作为某一产品唯一攻击方的垄断者是否会提升产品价格。在第三方支付市场中，对消费者一边采取的是免费策略，很难使用涨价幅度来进行测试。此外，第三方支付平台的定价机制是非中性的定价机制，虽然对于消费者来说是免费产品，但对于商户收费，如果采用假定垄断者测试中提高价格的方法去测试商户一边，那么还需要考虑在间接网络效应的影响下，对消费者一边的影响，以及反过来消费者一边对商户的影响。实际上网络效应限制了供应替代性。例如，当提高商户边的价格，由于消费者仍然留在平台，商户就不会轻易转向其他平台，那么当继续提高价格，直到商户离开该平台，此时，由于商户边用户减少后，会影响消费者需求，消费者也会转到其他平台，反过来影响更多商户转向其他平台。但是这种对网络效应的测度十分困难，目前在经济学中尚没有相关模型。这就使得假定垄断者测试在第三方支付相关市场中受到了限制。在假定垄断者测试中，如果仅提高需求弹性低的一方市场的价格，市场就很可能被界定得相对狭小；如果仅提高需求弹性高的一方市场的价格，市场则可能被界定得过于宽泛。①

因此,在第三方支付相关市场界定中,供给替代性分析与假设垄断者测试均具有不确定性;同时,由于第三方支付市场具有需求规模的效应,采取需求替代分析最具可行性。

(二)相关地域市场

相关地域市场是指需求者获取具有紧密替代关系的商品的地理区域。界定地域市场时,除了考虑相关产品的性能和用途,首先需要考虑这些产品所销售地区之间的差异。② 如果按照一些对互联网行业相关地域市场界定的观点,第三方支付属于信息服务内容的产品,其基础是虚拟或实体网络,对于实体网络,尚有一定界限,对虚拟网络则具有全球性,因此从理论意义上来讲,第三方支付是在无国界的、开放的全球范围内来提供支付服务的。③ 这很显然扩大了第三方支付的相关地域市场。美国司法实践中认为,网络本身不是一个地域市场,这一部分原因是网络缺乏物理地点和它本身是十分巨大的。④

首先,对于依赖于实体终端的线下支付来说,支付终端存在一个实体网络,是受到相关地域限制的,如拉卡拉,仅在几个城市发行。特别是由于市场准入的存在,各省是存在地域市场的。按照《非金融机构支付服务管理办法》的规定,第三方支付企业的经营范围包括全国范围和省级范围。其中,省级范围主要是针对预付卡和银行卡收单业务。⑤ 由于政府管制和市场准入的因素,在跨省之间会形成不同的相关市场。

其次,对于依赖于互联网支付的线上支付,虽然互联网没有边界,但是其直接服务的相关地域市场也并不是没有边界。将整个网络作为第三方支付的合理地域范围,不符合反垄断案件中对相关市场中“地域”的要求。在美国在线(America Online)诉全美万通(GreatDeals. Net)案中,法院就拒绝将整个网络作为相关地域市场的范围,认为“网络不能用外部的界限所界定……它不是一个

---

① 参见杨文明:《网络经济中相关市场的界定》,载《西南政法大学学报》2012 年第 4 期。

② 参见王先林:《中国反垄断法实施热点问题研究》,法律出版社 2011 年版,第 331 页。

③ 参见蒋岩波:《网络产业的反垄断政策研究》,中国社会科学出版社 2008 年版,第 118 页。

④ See Gönenç Gürkaynak, Derya Durlu, Margaret Hagan, “Antitrust on the Internet: A Comparative Assessment of Competition Law Enforcement in the Internet Realm”, *Business Law International* 14(1), 2013, p. 4.

⑤ 参见马永保:《第三方互联网支付经济法规制研究》,安徽大学经济法系 2014 年博士学位论文,第 51 页。

位置或地点,它是无穷大的”,它不能被确定为一个地域市场。欧盟委员会为在线广告市场界定相关地域市场时是依据民族习惯、语言和文化特点。在谷歌收购网络广告公司(Google/DoubleClick)案中,对于在线广告的市场的界定是依据在欧洲经济领域内的国家和语言的界限划分的。① 领英(Live Universe)诉社交网站(My Space)案也体现了这一点,在该案中,原告主张相关市场应当是美国地理区域内基于互联网的社交网络,因此把相关地域市场界定为美国全境。法院经过讨论认可了原告的主张,认为该案的相关地域市场不是“整个网络”而是美国全境。②

在第三方支付市场中,网络只是相关主体之间实现支付服务的方式,相关的地域市场界定还要考虑主体的地域范围,支付中所结算的货币发行和可流通的地域范围、当局所采取的网络管制、基础交易中消费者购买货物所能到达的领域、消费者的语言等因素的影响。支付所涉及主权货币的使用范围影响到支付产品的使用,如我国第三方支付主要使用人民币,人民币的发行国在中国,所以第三方支付服务的使用主要发生在中国境内。此外,在考察美国境内的中国居民是否可以使用中国境内的第三方支付服务时发现,如果在美国境内使用第三方支付平台进行支付,其购买的货物仍然是在中国境内,所以实质上的地域范围仍是在中国。国内的第三方支付机构也无法在海外同其他支付机构形成竞争,即便在海外形成了竞争,但由于所购买的货物具有实体国界,所以其范围受到了实体货物地域范围的限制,只是发生在主权国家,与国内的市场可区分为两个,不存在可替代性。因此,第三方支付的相关地域市场是中国境内而不是全世界。

(三)相关时间市场

电子支付的瞬时性使传统相关时间市场的界定对于第三方支付来说意义并不大,第三方支付所提供的服务可在任何一段时间内即时传输。但是,第三方支付的技术要求产生了一个新的问题,即在时间市场的界定中需要考虑时间和创新的相关性。

从动态竞争的角度来看,创新在相关时间市场的界定中具有重要作用。在

---

① See Gönenç Gürkaynak, Derya Durlu, Margaret Hagan, “Antitrust on the Internet: A Comparative Assessment of Competition Law Enforcement in the Internet Realm”, *Business Law International* 14(1), 2013, p. 4.

② 参见杨文明:《网络经济中相关市场的界定》,载《西南政法大学学报》2012 年第 8 期。

互联网行业中,新技术的开发并投放市场可能会迅速改变市场竞争格局,原有具有市场份额较大,市场力量较高的企业可能迅速走向没落。由于第三方支付网络经济的特性,也具有这样的动态市场特征。虽然有的第三方支付企业在短期内占据了较高的市场份额,但是随着市场和技术创新,一个有市场势力的企业可能在一个短时期内就会被这种创新所打败。因此,竞争的动态性客观上决定了在第三方支付行业中相关时间市场的界定要比其他行业中更重要。在对具有动态竞争市场中的竞争进行评估时,欧共体委员会则主要考虑该市场所处的特殊阶段。如果该市场被视为正在迅速膨胀阶段,那么欧共体委员会通常会认为在该市场上还会有新的进入者,较高的市场份额也会因此而失去其证明力。①

在第三方支付相关时间市场的界定中,可以采取合理预期原则。该原则是指在相关时间市场界定中,在遵循长远发展原则的基础上,应当根据目前的相关情况可以做出合理预期的时间范围,确定分析目前及未来一段时间内的市场竞争情况。② 在合理预期中要考虑产品的生命周期、创新等因素。相比较于其他更多地考虑生命周期的互联网信息产品,第三方支付产品较为稳定,相比其他产品的生命周期较长,所应当重点考虑的因素是创新。而第三方支付服务产品具有同质化属性,产品较为单一;相反,在增值服务和叠加式服务方面的创新能力较强,这些服务会为第三方支付平台带来用户黏性,在竞争中使第三方支付平台获得优势地位。例如,微信支付红包功能,吸引大量用户使用,为其迅速带来市场份额。所以,在可预期原则中,要重点对这些增值服务和叠加式服务的创新进行考察。

综上,第三方支付相关市场的界定是市场支配地位和经营者集中反垄断分析的前提。在界定相关市场时,第三方支付既有与双边市场相同的特点,如网络外部性的影响,也有与双边市场不同的自身特点,如双边市场中产品的唯一性,但对增值产品的界定应当予以重视。第三方支付相关产品市场界定中,供给替代性分析和假设垄断者测试均具有不确定性,特别是在第三方支付市场具有需求规模效应的情形下,采取需求替代分析最具可行性。应该从产品用途的

---

① 参见[德]乌尔里希·施瓦尔贝、丹尼尔·齐默尔:《卡特尔法与经济学》,顾一泉、刘旭译,法律出版社2014年版,第214页。

② 参见丁茂中:《反垄断法实施中的相关市场界定研究》,复旦大学出版社2011年版,第112~113页。

角度分析,通过对基础交易的场景划分来界定相关市场。第三方支付相关的地域市场界定受到相关主体的地域范围,支付中所结算的货币发行和可流通的地域范围、当局所采取的网络管制、消费者购买货物所能到达的领域、消费者的语言等因素的影响,相关地域市场仅是我国境内而不是全世界。在时间市场的界定中需要考虑时间和创新的相关性,采取合理预期原则,确定分析目前及未来一段时间内的市场竞争状况。

第三节　第三方支付经营者集中的竞争效果分析

市场集中程度的大幅增加仅仅是产生竞争损害的一个可能。预测经营者集中对竞争的实际影响,必须对即将进行的合并进行竞争效果评估。如果合并以后,其他企业没有能力通过创新或者重新组合进入市场,就会使市场中的竞争减少,因而产生反竞争效果。[①] 传统反垄断法对经营者集中所关注的是,一项合并发生后可能不需要供应商之间的协调就可以单方面提高价格或减少产出,同时也可能会增加市场中的合谋行为。

一、竞争效果评估的影响因素:间接网络外部性与动态竞争

如果两个平台企业的合并使市场力相对某一个需求群体有所提升,那么便也有可能对另一个需求群体产生负面影响。在一项企业合并前,对一组需求群体的涨价可能导致该需求群体转向其他平台。然而,在某一合并实施后,合并后的企业难免仍会在两组需求群体中出现部分流失,反倒使其有动力提高价格。理论上讲,这里涉及的非协同效应与其在传统单边市场上的作用机制是一样的,只不过会由于涉及两个或多个需求群体的平台特征而显得更加复杂。因此,原则上仍可以用类似分析单边市场的方式来分析双边市场。[②] 但是,传统评估单边企业合并效应的分析工具在分析第三方支付企业合并时也可能会产生

---

① See Phillip Herberthovenkamp, *Foundmentals of Antitrust Law*, ASPEN Publisher, 2003, p. 414.

② 参见[德]乌尔里希·施瓦尔贝、丹尼尔·齐默尔:《卡特尔法与经济学》,顾一泉、刘旭译,法律出版社2014年版,第492页。

一些评估的偏差。①

目前较为普遍的经营者集中的竞争效果评估方法，是临界损失分析方法，该方法是对 SSNIP 的具体实施分析，是界定相关市场的主要方法，也可通过该方法考察潜在的单边价格效应，用于评估并购后的竞争效果分析。② 在单边市场中，该分析方法是受到普遍接受的，因为它的计算相对简单并且对投入的测量是容易的。但这一分析方法很难用于第三方支付行业的合并竞争效果分析，如当第三方支付平台对一边消费者提高价格时，它不仅导致一边消费者的损失，也会导致另一边商户的损失。这将引起支付平台规模的变化，给竞争评估带来不确定性。

第三方支付产业经营者集中的竞争效果评估中，需要考虑的因素更广泛、更复杂，下面主要探讨网络外部性和动态竞争因素对竞争效果评估的影响。

（一）间接网络外部性的影响

在单边市场中的合并分析模型不考虑两边市场之间的正反馈效应，即一边需求对另一边消费者数量的依赖，但在双边市场中的合并会受到网络外部性的影响，要考虑平台两边之间的需求依赖。美国 ATM 合并案例中，法院审查了合并后市场一边的消费需求效应和一边对另一边的间接网络效应。

在第三方支付市场中，必须要考虑两边发生的需求以及所有各边之间的正反馈效应。③ 第三方支付平台通过提供支付服务吸引双方参与，通常以低于边际成本的价格或零价格为消费者提供服务，也为商户产生正效应；商户增加也会使有更多的消费者加入，使第三方支付平台产生价值并不断增加。这种网络外部性会影响第三方支付平台采取的涨价策略。在第三方支付平台间接网络外部性影响下，正反馈效应将在一段时间里使第三方支付平台的规模发生相对

---

① 这种评估偏差的出现有两个原因：首先，合并后企业的提价行为会导致市场两边都发生损失。在一边价格的增加不仅减少这一边的需求而且也减少了另一边的需求，因为当这边的用户减少时对另一边用户平台的价值减少了，这种损失在两边都会产生。其次，在两边的直接损失有放大的效应。两边相互影响，实际损失比在单边市场中的更大。在第三方支付实际损失分析框架中存在着成倍放大的效应。用单边市场的分析框架就会高估假设垄断者提高价格的能力。

② 临界损失分析被用于评估合并的潜在单边价格效应。通过这个分析可以评估一个合并后的企业是否会提高某个百分比的价格。如果测试后实际损失大于临界损失，合并企业提高这些产品的这个百分比的价格是没有利润的。相反，就是有利润的。

③ See Evans, D. and Noel, M., "The Analysis of Mergers that Involve Multisided Platform Businesses", *Journal of Competition Law And Economics* 4(3), 2008, p. 20.

和绝对变化。[①] 如果不考虑这种正反馈效应,价格增长对需求的影响会被低估。作为一个结果,相关市场的界定太窄,在合并效果分析中就会过分强调合并方市场力量的增加,并且过分强调了交易中被预期的单边价格效应。

(二)动态竞争的影响

对于动态发展非常活跃的市场,市场份额并非衡量市场势力的好标准,因为较高的市场份额可能在不久的将来由于其他企业的创新而消逝,而那些看上去市场份额低的企业有可能在短期内成就强劲的市场地位。[②] 网络经济中评价合并对竞争的影响应该注重市场的动态竞争特征。技术和产品的快速创新会导致网络经济中的竞争格局不断变化,互联网产业具有快速的、革命性的技术变革环境,这种处于动态中的市场,在进行企业合并分析时,需要预测市场的未来发展趋势。

在第三方支付合并分析中,也要考虑市场这种动态发展的特征。如前所述,第三方支付市场具有竞争性垄断市场的特征,这个特征使第三方支付市场具有动态竞争的特点,市场结构极具动态性和不确定性。这种动态竞争一方面是由于网络外部性,另一方面也受支付产品和技术革新的影响。技术创新导致企业的垄断地位可能是暂时性的。第三方支付产业是以技术创新和竞争为特征的产业,即便目前市场中只存在几个少数的寡头企业,但是随着市场的动态竞争,市场格局可能会迅速地发生变化。技术的不断创新和新产品的不断推出,可能会导致第三方支付市场中的企业一旦携新产品或新技术进入,就会是迅速而有力。因此,虽然合并后企业可能获得了市场支配地位,但是,由于其他支付企业新产品的出现,难以维持长时间的支配地位。这一因素的存在一定程度上削弱了第三方支付企业经营者集中的反竞争影响。

二、横向集中的竞争效果

评估第三方支付经营者横向集中所带来的竞争效果,主要从价格和非价格两个方面进行分析。

(一)价格方面的影响

第三方支付企业通过横向合并获得市场力量后,要考察这种市场力量的扩

---

① 当第三方支付平台对一边消费者提高价格时,它不仅导致一边消费者的损失,也会导致另一边商户的损失,这将引起所有平台相对和绝对型号的转变,进而引起进一步的影响。

② 参见[德]乌尔里希·施瓦尔贝、丹尼尔·齐默尔:《卡特尔法与经济学》,顾一泉、刘旭译,法律出版社2014年版,第218页。

大是否会带来反竞争效果。这首先要考察在价格方面是否存在反竞争效果。横向集中价格方面的反竞争效果主要表现在单边效应和协同效应两个方面。单边效应发生有不同的情形,其中包括了同质产品市场、差异产品市场上不同的表现形式。在同质产品市场上,合并后的企业会选择减少产出,缩减市场供给,以达到提高价格的目的。① 在产品差异化的市场上,两种产品替代性很强的企业进行并购,并购后的企业可能获得一定的市场势力,从而可能单方面地将其中一种产品的价格提高到合并前的价格水平之上,损害竞争。协同效应的经济学理论认为,在企业数量较少的高度集中的市场上,企业进行默契合谋的可能性大为增强,合并行为为形成合谋和保持合谋的稳定性提供便利。②

协同竞争效果在网络型产业的合并中是不需要考虑的,因为,在网络经济中的企业横向合并不会增加企业实施卡特尔的风险。网络经济中的合并对竞争产生的主要影响是企业可能会单方面实施反竞争行为。③ 第三方支付经营者集中更可能产生的是单边效果而不是协调效果,应该把竞争效果评估重点放在合并后企业潜在市场力量的考察。

第三方支付通过横向合并可以获得更多的市场份额,发生的主要是单边效应。同时,就目前发生的横向合并来看,主要是在不同领域的同质产品企业之间的合并。第三方支付市场产品同质化较为严重,差异化较小,在横向合并中,所合并企业也多是经营相同的支付服务,只是处于不同的行业领域,如支付宝并购安卡支付进军航空领域。因此,本书主要对第三方支付同质产品市场上经营者集中的单边效应进行分析。

同质产品市场上的合并会产生单边效应:合并后的企业扩大了市场份额,获取了更多市场的业务,在没有新企业进入的情况下,其他的非合并企业也会跟随合并后的企业提高支付服务价格,造成支付服务价格的上涨。而此时,协同效应也不足以抵消这种单边效应。这种合并是有损于市场竞争的。但是传统同质产品市场上,企业通过选择产量、生产水平或生产能力进行竞争。因此,其合并的单边效应表现形式往往是,合并后的企业降低产出,而其他企业受产

---

① 参见张兴:《横向合并的单边效应、理论、实证与反垄断政策》,东北财经大学经济学系 2011 年博士学位论文,第 24 页。

② 参见田明君:《经营者集中的反垄断理论与政策》,载《中国物价》2013 年第 6 期。

③ See Michael L. Katz, "Antitrust in Software Markets, Progress and Freedom Foundation Conference", *Competition, Convergence and the Microsoft Monopoly* 15, 1998, p. 17.

能的限制，暂时难以补充市场供给，出现供不应求局面，从而产品价格上涨。[①] 但是在第三方支付市场上单边效应的表现形式与此不同，第三方支付企业合并后的价格上涨并非由于限制产能，因为第三方支付是信息产品，这种产品的特点是无限可复制但却基本不增加成本，对于同一个支付产品，使用人数越多成本越低，因此，合并后的企业不存在减少产能的问题。第三方支付合并后的企业提高价格是直接的。企业直接提高价格要求其在市场上的支配地位非常强，并且很少有其他新进入者。只有这样，当企业提高价格时，消费者才不会向其他同质产品的支付平台转移；或者，即使仍存在其他同质产品的支付平台，但是提价后用户的转移成本非常高，不可能发生转移。只有市场在出现上述两种情形下的合并，才会产生消除竞争的效应。

通过上述分析，第三方支付企业横向集中后，由于产品的信息性、开放性、产品边际成本递减的规律，合并后的企业无法向传统产品那样可以通过减少产量来获取利润，只能靠单方面涨价来获取利润，从而危害竞争秩序。那么就应该考察是否存在单方面涨价获取利润的可能，即要考察对价格方面的影响。有不少研究认为，在双边市场中，基于双边之间的需求依赖，与单边模型中的结果相反，这种合并不一定导致价格上涨。[②] 由于网络外部性的存在限制了交易平台运用市场势力提高价格能力，交易平台无法从一边用户获取超额利润。[③] 但是这只是理论上的一种假设，事实上，第三方支付平台企业通过合并获得市场支配地位后仍然可以像传统行业那样来提高价格水平。这恰恰是由于第三方支付平台的锁定效应。第三方支付平台企业可以选择仅在需求弹性小的商户市场上提高价格，而在需求弹性大的消费者市场上不提高价格。由于在用户规模较大的消费者一边市场没有提高价格，在这一市场中的消费者就不会减少，而对另一边市场即便提高价格，商户也不会选择退出，或者说退出的很少，这是

---

① 参见张兴：《横向合并的单边效应、理论、实证与反垄断政策》，东北财经大学经济学系 2011 年博士学位论文，第 22 页。

② See Evans D. and Noel M., "The Analysis of Mergers that Involve Multisided Platform Businesses", *Journal of Competition Law And Economics* 4(3), 2008, p. 20.

③ 程贵孙(2009 年)也认为，平台企业向某边用户索取高于边际成本的价格从而获取超额利润，但这些利润是短期的，因为过高的价格将降低该用户对平台产品或服务的需求，并且由于"交叉网络外部性"效应的存在，该边用户需求的减少又将使另一边用户对平台产品或服务需求进一步减少，最终导致整个平台交易量大大降低。在平台型产业中，不考虑市场另一边用户的需求，任何想从单边用户中获取超额利润的策略，都将是自我毁灭的过程。

因为使其可以获取利润的一边市场中的消费者没有退出。因此,在拥有大量用户规模基础上,第三方支付平台企业可以保持消费者一边市场价格不变而提高商户一边的市场价格,使支付服务的总价格发生上涨。

(二)非价格方面的影响

在经营者集中的分析中,由于经营者集中对非价格竞争效果的影响难以衡量,所以大多数经济学理论集中关注价格因素,对非价格因素考虑却较少。单边效应理论虽然提供了一些机制用来评估企业产品价格上涨时对经济福利的影响,但是没有提供合并中对非价格因素的影响。[①] 双边市场中的垄断行为不一定就是通过价格行为表现出来的,可以不通过提高价格来实现利润,而仅是采取拥有的规模效应和网络效应,就可以影响到消费者福利。双边市场中的合并对非价格方面的影响是重要的。在第三方支付市场中,分析合并对非价格方面的影响,在反垄断实践中是非常重要的。非价格因素中包括了市场进入、技术创新、消费者福利等因素。

通常认为,如果合并以后在市场上的新企业进入可以频繁发生,则在一定程度上抵消了企业合并后的反竞争影响。然而,与其他普通的网络产业不同,第三方支付是进入管制行业,实行市场准入制度。所以,第三方支付的横向合并对市场进入的影响较小。由于第三方支付平台合并后主要通过单边效应来实施垄断行为,这就使对市场集中度和用户的转移成本的考察十分重要。合并后的市场集中度越高,就越容易产生单方反竞争效果,相反,如果市场集中度较低,则因合并产生的反竞争效果就很容易被抵消。在网络效应的作用下,第三方支付的横向合并导致的市场集中能够带来冒尖现象的发生,除原有两个支付平台的用户,可能会有尚未参与平台的消费者选择合并后的平台而不是其他更小的平台,市场集中度不断加强。同时,在平台用户黏性的作用下,第三方支付平台合并后增加了其他竞争者获取客户的难度。此外,转移成本也是评价第三方支付企业合并后单方竞争效果的一个重要因素。转移成本能够阻止用户转向新的竞争性系统。迈克尔(Michael,1998 年)认为,双边市场中的竞争对手很难吸引到在位平台企业的用户,这是由于用户存在转移成本。[②] 第三方支付合

---

① 参见张兴:《横向合并的单边效应、理论、实证与反垄断政策》,东北财经大学经济学系 2011 年博士学位论文,第 125 页。

② See Michael L. Katz, "Antitrust in Software Markets, Progress and Freedom Foundation Conference", *Competition, Convergence and the Microsoft Monopoly* 15, 1998, p. 17.

并获得市场集中度的增强，有利于单边效应的发生，对市场竞争会形成潜在的影响。

此外，在第三方支付市场上的横向并购还可能会阻碍技术创新。第三方支付行业中技术创新应该成为评价企业合并对竞争影响的一个重要因素。在网络经济中先发优势十分明显，网络经济效应导致企业为了获得先发“垄断”而展开竞争。因而应考虑首发者优势，如果具有首发者优势的企业，合并后的企业往往丧失创新的动力。在第三方支付市场中企业为在竞争中获得先发优势，就必须要利用新技术或者新产品来吸引原有市场中的客户，一旦合并以后市场集中度提高，获得垄断地位，这种创新的动力将大大减少。

三、非横向集中的竞争效果

非横向集中与横向集中之间的关键性差异就在于，非横向集中不会导致现有竞争的减少，①其反竞争效应是间接的，主要表现在它有利于合谋和减少潜在竞争者。② 非横向集中可以带来市场效率的提高。这就意味着“福利权衡”：对于因竞争的减少而导致的无畏损失与因成本的减少而导致的效率收益之间的权衡。③

纵向合并是同一产业中处于不同阶段且存在买卖关系的企业之间的合并。④ 纵向合并背景下的反竞争潜力要小于横向合并的反竞争的潜力。⑤ 纵向产业链上的合并是第三方支付产业发展的一个模式。第三方支付经营者通过纵向集中可以显著降低交易费用，从而促进经济效率。第三方支付产品是以信息的方式存在，并且以信息的传递来完成资金的划转。第三方支付企业的成本结构具有高固定成本和低边际成本的特点。第三方支付企业前期投入的固定成本，基本都属于沉没成本。但当支付平台建成并提供支付产品之后，边际成

---

① 参见［美］基斯·N. 希尔顿：《反垄断法经济学原理和普通法演进》，赵玲译，北京大学出版社2009年版，第270页。

② 参见石俊华：《反垄断与中国经济发展——转型期中国反垄断政策研究》，经济科学出版社2013年版，第121页。

③ 参见［美］基斯·N. 希尔顿：《反垄断法经济学原理和普通法演进》，赵玲译，北京大学出版社2009年版，第270页。

④ 参见周昀：《反垄断法新论》，中国政法大学出版社2006年版，第122页。

⑤ 参见［美］基斯·N. 希尔顿：《反垄断法经济学原理和普通法演进》，赵玲译，北京大学出版社2009年版，第279页。

本不断降低。目前,第三方支付企业建立平台和服务技术所耗费的沉没成本已经完全投入,现在大多数第三方支付企业进入了产品无限复制阶段,在这个过程中所花费的成本非常低。在前期投入大量的技术服务成本之后,现阶段的纵向一体化会产生规模效应,特别是在网络效应、正反馈机制下,这种规模效应更为明显,会为第三方支付产业带来更大的效益。

虽然纵向合并可能会带来促进竞争的作用,但是同样也可能有限制竞争的作用。纵向合并的企业处于不同相关市场,合并不会直接带来市场势力的增加。但是可以通过对上游或下游市场的影响来限制竞争,主要是市场势力从一个相关市场上传递到另一个相关市场上,以及可能影响上游和下游竞争者的市场封锁效应。① 纵向合并可能引发排除其他竞争者、在有关市场共谋、纵向价格限制等竞争问题。在第三方支付企业的纵向分拆和合并中,都会产生这种纵向约束和竞争问题。在纵向分拆中,原有企业在电子商务领域的市场势力会延伸至第三方支付市场,如淘宝纵向分拆以后将其在电子商务市场上的势力向第三方支付市场延伸,使支付宝在第三方支付市场上也具有市场支配力。同样,在纵向合并中,也会带来同样的约束效果,电子商务领域具有市场优势的企业在合并一家第三方支付企业后,同样也会将其市场实力延伸至第三方支付市场。同时,会使原有在电子商务市场上的竞争状态和效果延伸至第三方支付市场,如京东商城收购网银在线、万达收购快钱。因此,第三方支付行业中的纵向合并中可能将其市场力量传导到第三方支付市场,也可能产生潜在的封锁效果。这具体可以体现为在价格方面的反竞争安排和非价格方面的排他性交易、捆绑等问题。反垄断执法机构应该考察这种市场力量的传导以及潜在的封锁效果。②

混合合并是处于不同的领域,彼此之间既无直接竞争关系又无买卖关系的企业之间的合并。③ 混合合并有可能带来横向市场封锁的竞争问题。混合合并所带来的市场力量可能使合并方通过搭售或捆绑销售等策略性行为延伸市场势力,从而损害竞争。规制混合合并的理论基础就是潜在竞争原则(Potential

---

① 参见[德]乌尔里希·施瓦尔贝、丹尼尔·齐默尔:《卡特尔法与经济学》,顾一泉、刘旭译,法律出版社 2014 年版,第 558 页。

② See Thomas Hoehn,"Suzanne Rab and Grant Saggers. Breaking Up is Hard to Do",*National Merger Remedies in the Information and Communication Industries* 30(5),2009,pp. 257 – 258.

③ 参见周昀:《反垄断法新论》,中国政法大学出版社 2006 年版,第 122 页。

Competition Doctrine)。在一个进入的可能性减少的行业中经营的企业,将会拥有更少的从事竞争的动机。①

近几年,第三方支付的混合合并较多,这与支付产品的不同应用场景有关,一个支付产品在线上支付和线下支付、PC段支付和移动支付是不同的应用场景,如果一个企业仅从事其中一个应用场景,随着应用场景的变化,会考虑进入其他应用场景从事该场景支付产品,这样就会催生第三方支付的混合合并。不同应用场景提供支付服务的第三方支付彼此之间具有潜在竞争性,两种产品互为潜在竞争的企业在时机成熟时,就会进行混合合并。如互联网支付企业并购银行卡收单机构、预付卡发行机构。从事互联网支付的企业通过并购会迅速地进入从事POS机收单市场,因而,这两类企业的并购属于潜在竞争对手的并购。第三方支付行业中混合合并也会减少市场中的潜在竞争,应分析这种潜在竞争对手的减少是否会给竞争带来实质性损害。

第三方支付行业中的纵向合并中可能会将其市场力量传导到第三方支付市场,也可能会产生潜在的封锁效果。但是,由于纵向合并首先是提高效率,因此,要对纵向集中进行竞争效果分析。在第三方支付市场上具有市场支配地位后,并不一定会实施反竞争行为,还应结合滥用行为来进行分析。在反垄断实践中,各国对非横向集中的反垄断政策较为宽松,但美国和欧盟的政策有所不同。美国深受芝加哥学派的影响,强调非横向并购的效率动因,倾向于用滥用条款规制非横向并购,基本上采取放任的态度;而欧盟则受后芝加哥学派的影响,更加强调非横向并购可能带来的反竞争效果。② 虽然我国对于非横向集中的反垄断法规制与欧盟的政策取向更为接近。但是在第三方支付行业中的非横向集中,应基本上采取芝加哥学派的处理思路,用滥用条款规制。相应地,证据标准也要发生重大变化,反垄断执法机构不但要证明市场封锁效应可能发生,而且要证明并购后的企业有能力和激励去实施市场封锁策略。

第四节　第三方支付行业经营者集中的效率分析

波斯纳认为,反垄断法保护的竞争应该是"一种很好的为利益服务的状态,

---

① 参见[美]基斯·N.希尔顿:《反垄断法经济学原理和普通法演进》,赵玲译,北京大学出版社2009年版,第284页。

② 参见田明君:《经营者集中的反垄断理论与政策》,载《中国物价》2013年第6期。

而不是只要一个极小的竞争对手被消灭就会受到消弱的一个对抗的过程”。[①] 在一定条件下,相对于竞争而言垄断更有效率,能获得更大的社会福利,就应“容忍垄断,甚至鼓励垄断”。[②] 虽然合并可能会使各方有能力去提高价格,但是也可能会由于有效的成本节约而降低价格。这些成本节约就是指效率,如果这种效率很大,有可能会抵消合并所带来的反竞争问题。在第三方支付产业,由于其效率性更显著于其他传统行业,因而更需要分析经营者集中所带来的效益和社会福利。

一、网络效应下第三方支付经营者集中的效率分析

经营者集中在可能对市场竞争产生负面影响的同时,也可能会提升经济效率。在评估反垄断案例中效率扮演了重要角色。欧美等国家和地区的反垄断法的一个新发展趋势,就是在并购规制中越来越重视分析效率对并购竞争效果的影响。[③] 如果经营者集中产生的效率十分明显足以抵消集中带来的反竞争效果,那么原本被认为反竞争的集中可能因效率因素而通过,这就是所谓的效率抗辩。[④] 根据各国反垄断法实践,以效率抗辩来作为对抗反竞争效果的理由,需要该项合并产生合并所特有的效率,该效率能够提高消费者的福利,而且该效率是能够被证实的。执法中应当在合理性原则下对合并案件进行分析,考虑合并导致的效率是否大于反竞争效果。考察合并后规模经济和范围经济的社会利益是否超过通过减少竞争增加价格的社会成本;消费者是否从低价格中受益。

第三方支付行业的经营者集中可以达到规模经济效果,迅速增加供应能力和扩大用户规模。[⑤] 特别是由于第三方支付产业的网络外部性影响,规模效应很强,边际成本递减规律明显,边际成本长期处于下降的过程,甚至一些边际成

---

① [美]理查德·A. 波斯纳:《反托拉斯法》,孙秋宁译,中国政法大学出版社2003年版,第31页。

② 胡甲庆:《反垄断法的经济逻辑》,厦门大学出版社2007年版,第47页。

③ 参见黄蕴华:《电信企业并购的反垄断法规制》,载沈四宝、王军主编:《国际商法论丛》(第10卷),法律出版社2010年版,第94页。

④ 参见田明君:《横向并购的产业组织理论与反垄断政策》,载《财经问题研究》2006年第6期。

⑤ 参见阮飞、李明、董纪昌、阮征:《我国互联网企业并购的动因、效应及策略研究》,载《经济问题探索》2011年第7期。

本可以忽略不计,[①]给企业带来较大的经济效率。此外,第三方支付企业之间通过合并,将两个网络互联互通,可以增加网络外部性正效应。因此,第三方支付行业的合并会产生经济效率,对行业运行产生促进作用。所以,对于第三方支付行业中的合并案例应当进行谨慎的反垄断干预。[②]

二、消费者福利分析

在分析合并可能会带来的对竞争的损害的同时,也需要注意一个问题,那就是合并是否会为消费者带来一些利益或者损害。为了测度双边平台合并对消费者或社会福利的影响,需要对所有各边的影响都要考虑。在双边市场,随着一边市场中消费者的增加,平台的净价值会增加;伴随在一边已经使用产品的消费者数量的增加,每一个消费者从购买有网络效应的产品收到的净价值也会增加。在具有网络效应的市场中,反垄断法分析的问题应该考虑这些利益。间接网络效应价值在很多双边平台领域都是实质存在的。第三方支付平台合并也会增加这种间接网络外部性,由于增加了消费者组群的规模,所以,会为每一个消费者提供更大的利益,带来消费者福利。计算第三方支付经营者集中对消费者或社会福利的影响,就需要评估这些外部性的价值。

合并可能对一边消费者有益但损害另一边消费者,并且跨所有消费者组群的合并的影响因此可以是正或负。[③] 在第三方支付合并中,市场份额不断扩大,市场集中度不断提高,对合并后市场的两边消费者福利可能为负也可能为正。例如,假设一个第三方支付企业提出和一个竞争者合并,并且决定合并企业可能对商户一边提高价格。然而,并不意味着合并一定是减损效率的。第三方支付平台可能会吸引更多的消费者,并且那可能更多地弥补了商户发生的价格增加。合并后产生的价格影响可能对商户来说是价格不断提高,但是对消费者来说是在没有提高价格的同时获得了更多的利益;也可能是在市场垄断程度极高情况下的两边同时提高价格,此时,消费者福利是减损的;也可能是双边市场中的价格都下降,此时对消费者福利是增加的。

---

① 参见袁日新:《互联网产业经营者集中救济的适用》,载《河北法学》2014 年第 1 期。

② See Mark A. Jamison, "Network Externalities, Mergers, and Industry Concentration", http://citeseerx.ist.psu.edu/viewdoc/download?doi=10.1.1.203.902&rep=rep1&type=pdf, May 5, 2016.

③ See David S Evans, "Antitrust Issues Raised by the Emerging Global Internet Economy (Part Ⅱ)", *Northwestern University Law Review* 102(4), 2008, pp. 1987–2007.

在第三方支付市场中，当横向合并发生时，基于网络互通互联带来的效率，消费者会从平台提升的价值中获得福利。两个网络的相联互通，会有更多的用户参与到平台上来，而该平台对于每一组成员的内在价值也会相应提高。市场中合并的企业越大，合并给消费者带来的福利越大。而在纵向合并中，两个平台之间容易发生捆绑和排斥行为，减少消费者选择的权利，减损消费者福利。这就需要在具体的案例中进行分析。

三、创新效率分析

现代创新理论发轫于熊彼特的动态竞争理论，他认为，“开发新产品所需要的资源只能从垄断市场可能的超额利润中来。一个垄断资本家对于一个完全的竞争者来说具有一系列优势，更易于开发采用创新”。[①] 在经营者集中分析中，评价合并对市场竞争的影响时，还要注重对创新效率的分析。

互联网企业的竞争主要是一种技术创新的竞争，经营者集中对市场竞争的影响不大。[②] 但是，第三方支付企业不同于其他互联网企业，其支付服务创新相对稳定，创新主要集中在附加的增值产品。由于第三方支付的网络效应要求有较大的用户基础，附加的增值产品的创新反而是其获取用户的一个重要途径，因此，附加产品的创新也会增加企业的市场支配力，阻止其他企业进入市场。

但是，对于创新效率的审查难于量化。创新效率可能是判定公司成败的最重要变量，但是在对合并案件作出判决时我们并不公开考虑这些效率，在正式判决的过程中我们倾向于忽视不太真实的经济，只是因为我们不知道怎么衡量它们。[③]

综上所述，第三方支付市场的并购趋势逐渐增强，经营者集中行为既会产生规模经济效应，也会存在限制排除竞争的影响。在第三方支付并购中，同样需要对其进行经营者集中的审查与控制，并对其并购后的反竞争效果进行评估。第三方支付行业经营者集中审查的标准，应该更侧重于对市场动态因素的分析，以竞争效率的实质变化为出发点审查并购带来的实际效果，具体应采取

---

① [美]约瑟夫·熊彼特：《资本主义、社会主义与民主》，吴良健译，商务印书馆1999年版，第146页。

② 参见张素伦：《美国互联网行业的反垄断法规制及其启示》，载《重庆科技学院学报》(社会科学版)2013年第4期。

③ 参见黄蕴华：《电信企业并购的反垄断法规制》，载沈四宝、王军主编：《国际商法论丛》(第10卷)，法律出版社2010年版，第102页。

实质减少竞争的审查标准。对合并后企业的市场力量的评估要考量在市场中的竞争约束,并界定在特定的相关市场中。第三方支付企业存在较为复杂的竞争约束,需要分析间接网络效应对相关市场界定的影响。第三方支付产品形式多样,场景各有不同,应采取需求替代分析工具,从产品用途的角度出发,通过对基础商品交易的场景划分来界定相关产品市场。在传统交易场景中,线上支付与线下支付分属于不同的相关市场。在电子商务交易环境下,按照服务对象不同,又可以分为 B2B、B2C、C2C 等市场。在 B2C 和 C2C 市场中,所有线下和线上的支付产品,包括网上银行支付、互联网支付、移动支付、POS 终端服务等都属于同一相关市场。在 B2B 市场中,线上支付与线下支付分属于不同的相关市场。第三方支付相关的地域市场界定受到相关主体的地域范围,支付中所结算的货币发行和可流通的地域范围、消费者购买货物所能到达的领域、消费者的语言等因素的影响,相关地域市场仅是中国境内。在时间市场的界定中需要考虑时间和创新的相关性,采取合理预期原则,确定分析目前及未来一段时间内的市场竞争状况。第三方支付合并获得市场集中度的增强,有利于单边效应的发生,对市场竞争会形成潜在的影响。在横向合并后第三方支付企业可以通过单方涨价获取利润;也可以不通过提高价格来实现利润,而仅是采取拥有的规模效应和网络效应,就可以影响到消费者福利。在纵向合并中可能会产生两个市场中市场力量的相互传导,从而产生潜在的封锁效果。在评估竞争效果时也应注意考察合并所带来的效率因素,对由此带来的消费者福利和创新效率进行分析。

第五章　第三方支付行业滥用市场支配地位的禁止

市场竞争的过程从某种程度上来说,实际上是企业逐渐追求市场支配地位的过程。企业一旦在竞争中获得了市场支配地位,就可以利用自身的优势地位来影响市场竞争。[①] 企业取得市场支配地位并不必然为反垄断法规制,反垄断法规制的是对市场支配地位进行滥用的企业行为。[②] 第三方支付企业滥用市场支配地位的规制是反垄断法执法的重点。对于第三方支付行业这样一个竞争性垄断市场来说,寡头垄断的特征明显,少数几家企业拥有了大部分的市场份额,并且一些市场份额较大的企业采取的一些价格和非价格的竞争行为,究竟是否违反反垄断法滥用市场支配地位的禁制性规定,需要具体分析。下文在对第三方支付企业市场支配地位确认分析的基础上,对掠夺性定价、捆绑搭售、价格歧视三类较为典型的滥用行为进行分析。

---

① 参见李小明:《滥用市场支配地位》,知识产权出版社 2008 年版,第 12 ~ 14 页。

② 参见张穹:《反垄断理论研究》,中国法制出版社 2007 年版,第 146 页。

第一节 第三方支付行业市场支配地位的确认

滥用市场支配地位的反垄断法规制经历了结构主义向行为主义演变的历程。结构主义将规制的重点放在市场结构上,而行为主义则将规制重点放在企业行为上。现代反垄断法以行为主义为主流,无论我国还是欧盟,反垄断法中有关滥用市场支配地位控制的规定,其立法目的并不是反对一个企业占有市场支配地位本身,而是禁止其滥用。① 而分析企业是否存在滥用行为,前提是要确认企业具有市场支配地位。通常,当下面两种情形出现时就会认为企业具备了实质上的市场力量:企业可以在成本之上提高价格,并从抵制竞争对手进入或扩张市场中获得利益,可以获得超额价格和利润。这是在一段时间里企业具有市场力量的前置条件。② 市场支配地位是指一个企业有阻止有效竞争的经济力量,具体而言,需要去审查一系列相关因素。③ 确认市场支配地位的因素主要包括相关市场的界定、市场份额、市场的竞争约束、市场进入和退出障碍、消费者转向另一种服务的可能等。④ 相关市场界定及竞争约束在前文已经阐述,本章不再赘述。下文将对第三方支付企业支配地位的认定进行分析。

一、竞争性垄断市场结构中市场支配地位界定的理论分析

(一)竞争性垄断市场中市场支配地位界定标准的理论争议

各国对市场支配地位的界定都有不同的标准,包括市场结果标准、市场行为标准和市场结构标准等。⑤ 反垄断实践中,市场结果和市场行为都没有单独作为确定市场支配地位的标准,⑥而市场占有率能较为具体地判断企业是否具有市场支配地位,⑦虽然市场份额不是决定市场支配地位的唯一标准,还需要同

---

① 参见于馨淼:《搜索引擎与滥用市场支配地位》,载《中国法学》2012 年第 6 期。

② See Phillip Herberthovenkamp, Foundmentals of Antitrust Law, ASPEN Publisher, 2003, p. 148.

③ See Brian Sher Nabarro LLP, "Abuse of Dominance in the EU: The Evolving Law and Practice", *PLC Cross-border Competition Handbook*, 2010, p. 9.

④ See Florence Thépot, "Market Power in Online Search and Social Networking: A Matter of Two-Sided Markets", *World Competition*, 2013, pp. 195 – 221.

⑤ 参见王先林:《论滥用市场支配地位行为的法律规制——〈中华人民共和国反垄断法(草案)〉相关部分评析》,载《法商研究》2007 年第 4 期。

⑥ 参见王晓晔:《反垄断法与市场经济》,法律出版社 1998 年版,第 204 ~ 205 页。

⑦ 尚明:《对企业滥用市场支配地位的反垄断法规制》,法律出版社 2007 年版,第 118 页。

时考虑其他因素,如新竞争者进入市场的障碍,但市场份额在确定市场支配地位中仍然具有决定性意义。从各国的反垄断法来看,欧盟、德国、日本和美国等国家反垄断法对市场结构标准均予以认可,而且从我国的反垄断法规定中也可以看出,对市场支配地位的认定采取了"综合性标准",即将市场份额、市场进入壁垒等其他因素作为综合衡量经营者市场支配地位的标准。其中,在这些综合因素的认定中,重点是对相关市场内市场份额的认定,[①]利用市场份额来推定经营者具有市场支配地位。但是随着互联网行业产生的一些新的经济现象给该标准带来了挑战。理论界也出现了不少质疑。吕明瑜(2011 年)认为,在网络产业中市场支配地位的界定中,市场份额的影响减小,而市场进入壁垒的影响较大。[②] 苏菲(Sophie van Loon,2012 年)认为,新经济市场中是动态竞争,在这种竞争中呈现赢者通吃的局面:最成功的统治者将支配整个市场。但是,这种支配地位是脆弱的,因为如果另一个竞争者创新成功,它可能会掌控整个市场。叶明(2014 年)认为,在互联网行业,由于网络效应和用户锁定效应,市场极易形成寡头垄断,市场份额数值对竞争的影响力减弱,使市场结构标准在互联网行业陷入了困境。[③] 杨文明(2015 年)认为,互联网市场结构动态性强,缺乏市场份额因素发挥作用的稳定性条件,因而造成市场份额因素适用性降低。[④] 这些理论观点都认为,动态竞争影响市场份额的稳定性。市场份额很难去界定竞争性垄断市场中企业的市场支配地位。

理论界的争议主要在于,原有的认定标准很难简单适用于竞争性垄断市场,采取市场结构的认定标准不能正确反映该市场中企业的市场支配力。第三方支付市场具有竞争性垄断市场结构的特征,这些争议影响着第三方支付市场支配地位的认定。第三方支付企业市场支配地位适用何种标准,是否还应当以

---

① 我国《反垄断法》第 18 条明确规定:认定经营者具有市场支配地位,应当依据下列因素:(1)该经营者在相关市场的市场份额,以及相关市场的竞争状况;(2)该经营者控制销售市场或者原材料采购市场的能力;(3)该经营者的财力和技术条件;(4)其他经营者对该经营者在交易上的依赖程度;(5)其他经营者进入相关市场的难易程度;(6)与认定该经营者市场支配地位有关的其他因素。

② 参见吕明瑜:《网络产业中市场支配地位认定面临的新问题》,载《政法论丛》2011 年第 5 期。

③ 参见叶明:《互联网行业市场支配地位的认定困境及其破解路径》,载《法商研究》2014 年第 1 期。

④ 参见杨文明:《论互联网企业市场支配地位认定的非结构因素》,载《河北法学》2014 年第 10 期。

市场结构标准为认定的主要标准,下文对此进行分析。

(二)第三方支付企业市场支配地位认定的理论分析

1.动态竞争引入市场支配地位认定的非必要性:与经营者集中审查中的不同

前述理论争议指出互联网行业的动态竞争使在行业内没有任何企业能够长期占有较大市场份额,一时的高市场份额并不能保证该企业长期具有市场影响力。① 然而,动态竞争虽然给市场份额的变动带来很大不确定性,但是在滥用市场支配地位中引入动态竞争的分析意义却并不大,因为反垄断政策规制的是滥用行为,并不是市场支配地位本身。动态竞争中市场影响力不断变化并不会影响滥用行为的规制,因为即便企业拥有市场支配地位,并不会就受到反垄断法的规制,只有当其实施了滥用的行为才触犯反垄断法规则。因此,只需界定该企业在实施涉嫌垄断的行为时是否具有支配地位即可,如果在实施行为时不具有市场支配地位当然地不属于反垄断法规制的滥用行为;如果在实施行为时具有市场支配地位,再加上该行为的实施就可以构成滥用行为;至于在动态竞争中将来可能不再具有市场地位不能成为其抗辩理由。如果说动态竞争有可能使一个具有市场支配地位的企业失去市场力量,那么不可能有企业永远都保持市场支配地位,任何企业的市场支配地位都具有相对性,不能因为将来失去支配地位就可以抗辩。

本书在前文中论述动态竞争对经营者集中竞争效果的影响,这是基于经营者集中的反垄断规制主要是事前的审查,是对未来合并后企业对市场竞争的影响,属于事前的预测,所以未来市场中影响竞争的不确定因素就显得更为重要,应予以考察,包括对动态竞争中能抵消合并对竞争所带来负面效应的因素。但是,在滥用市场支配地位的反垄断审查中,不是对未来市场中竞争状况的影响,而是对市场中已经实施滥用行为的企业是否具有支配地位进行考察。所以,只需要在滥用行为发生时来考虑该企业是否具有市场支配地位即可,对动态竞争下对未来市场中的竞争格局变化的预测和考察的意义不大,不单是因为这种不确定性很大,难以预测,而且是因为得出具体的测度数据和选择方法也十分困难。

因此,虽然动态竞争条件下具有市场支配地位的企业在将来可能失去市场势力,但是在动态竞争测度方法与数据尚不成熟,且并非必然要去测量的情况

① 参见叶明:《互联网行业市场支配地位的认定困境及其破解路径》,载《法商研究》2014年第1期。

下，在支配地位的认定中可以暂不考虑动态竞争。当然，不能否认动态竞争会为市场份额带来不确定性，但这种不确定性并不排除一个高市场份额的企业具有市场支配力。如果实实在在地已经发生了一项滥用行为，也恰是其具有市场支配地位的证明。

2. 竞争性垄断市场结构特点下综合性标准的运用

在第三方支付行业中界定市场支配地位时不应否定市场份额的重要性，竞争性垄断的市场结构下，也不代表结构标准就不适用于该行业。相反，正是由于这样特殊的垄断市场结构，企业处于寡头垄断的地位，才需要反垄断法更多关注，而不是认为结构性因素——市场份额就不反映企业的市场支配力，也不能因为一些企业与生俱来的高市场份额就排除对它适用结构性因素的考察。尽管市场份额本身不能作为支配地位认定的唯一考虑因素，但是可以给定企业具有支配地位的假设。市场份额仍然是第三方支付企业市场支配地位认定的一个重要因素。

当然，在根据市场份额作出一个具有支配地位的假设时，并不能判定该企业就一定具有支配地位。一个企业可能在一段时间内享有较大的市场份额却没有支配地位。因此，除了市场份额之外，还应该考虑其他削弱企业支配力的因素，①如市场进入壁垒。市场进入壁垒有国家的法律法规、纵向一体化、成熟完善的销售体系、能够吸引顾客的不同品牌产品的差异化以及相关市场上的企业行为。以上列出来的尽管不是全部的市场支配地位的表现，但是通常被认为是支配地位的多样化表现。

建立在上述理论分析的基础上，第三方支付行业中认定市场支配地位时，应当考量新兴市场的特殊因素，并结合反垄断司法实践的现实情况，对综合性标准进行内部调整，在运用传统结构标准的同时，重视非结构标准以及其他相关因素，特别要重视市场进入壁垒因素的考察。②

二、第三方支付企业市场支配地位的认定

（一）静态考察：市场份额

我国在2004年之前，第三方支付产业刚刚起步，专门从事第三方支付的企业仅有北京首信、银联电子支付和上海环迅等10家左右。2004年之后，随着支

---

① 参见牛睿：《反垄断法问题研究》，辽宁大学出版社2010年版，第114页。

② 参见胡丽：《互联网企业市场支配地位认定的理论反思与制度重构》，载《现代法学》2013年第3期。

付宝、快钱以及财付通等支付企业进入市场，第三方支付平台企业的数量不断增多。在这些企业中，根据运营模式可分为宿主型和独立型两类。独立的第三方支付企业专门从事支付运营，市场中企业的数量较多，市场份额都相对较小，产品趋同化现象严重，导致许多企业采取价格战的策略，用零利润甚至负利润来吸引商户和消费者，相互之间竞争激烈。宿主型第三方支付企业采取一体化的经营模式，在从事支付服务的同时，其本身或者所属集团公司还从事电子商务活动。与独立型第三方支付企业相比较，宿主型第三方支付企业在一体化经营模式下具有更强的网络外部性，有利于产生正反馈效应而迅速占领市场。而在正反馈效应下，优势地位一旦出现，就会不断自我强化，①最终形成市场支配地位。如支付宝、财付通凭借其集团公司在电子商务中的用户规模优势，迅速在市场中占据了较高的市场份额，并仍在不断扩大市场占有率。因此，高市场集中度主要出现在宿主型第三方支付中。

宿主型第三方支付平台企业采取信用担保的支付模式，共享其电子商务平台中的用户资源，具有用户规模优势和技术优势，市场的集中度很高，事实上已经形成了由支付宝和财付通两家企业垄断的格局。支付宝借助阿里巴巴及淘宝网积累的庞大用户安装基础，在第三方支付市场中占据最高的市场份额，在间接网络效应作用下，不断吸引市场中潜在的消费者和商户进入并参与其支付平台，进一步巩固了市场垄断地位。财付通所具有的市场集中度主要依赖于母公司腾讯在即时通讯市场上积累的海量客户资源。除了为拍拍网提供在线支付服务之外，还依托腾讯的整体资源展开广泛的商业合作，不断发展合作商户，市场份额仅次于支付宝。百付宝依托于百度公司进入第三方支付市场，凭借在搜索引擎市场上的地位积累了大量用户资源，占据较高的市场份额。银联电子支付凭借其国家队的身份，也占据了一定市场份额。

综上，第三方支付市场呈现出相对集中的趋势，市场呈现寡头垄断竞争的格局，少数的几家支付企业占据了绝大部分的市场份额，其余的第三方支付平台企业只占有很小一部分市场份额。随着第三方支付许可证制度的实施，市场准入条件的存在将进一步加剧第三方支付市场的寡头垄断趋势。第三方支付市场中的高市场集中度形成了对掠夺方实施掠夺性定价有利的市场结构。

（二）动态分析：进入壁垒

进入壁垒不是一个十分精确的概念，通常认为的壁垒是任何使新企业进入

---

① 参见李丹：《互联网企业市场支配地位的认定》，载《河北法学》2015 年第 7 期。

行业更为困难的因素。[①] 市场进入壁垒的高低是影响市场垄断和竞争关系的一个重要因素,是对市场结构的直接反映。对进入壁垒的分析是从潜在竞争者进入市场的角度来考察市场结构的动态变化,考察在位企业和潜在竞争者之间的竞争关系。在一个高集中度的行业,如果进入壁垒较低,潜在竞争者可以随时进入市场,则也会保持较高的市场竞争度。[②] 掠夺性定价的原理是以暂时的损失来换取未来的垄断利润。但是掠夺成功以后,如果在掠夺者提高价格后不久就出现新的进入者,则垄断利润就无法实现。因此,必须是在市场上存在足够的进入壁垒时,掠夺性定价才是有利可图的。[③]

第三方支付市场的进入壁垒是由多种因素造成的。

首先,网络外部效应是第三方支付市场存在较高进入壁垒的首要因素。第三方支付平台企业的市场势力主要源于网络外部性。如前所述,先进入的平台企业可凭借网络外部性获取市场势力,同时,由于用户的消费黏性,获得市场势力的第三方支付平台企业可以反过来利用网络外部性进一步锁定(lock-out)用户,使潜在进入者获得用户的成本增加。而从用户转换支付平台的角度来看,在双边市场中用户资源集中于先进入市场的平台后,商户如果转换支付平台会造成较大的关系沉没成本,导致用户转换平台的难度增大。[④]

其次,第三方支付的行业管制也是构成市场进入壁垒的原因之一。第三方支付涉及货币的流通,具有金融属性,因而政府对第三方支付行业进行管制,这对潜在竞争者进入市场起到了限制作用。中国人民银行出台了《非金融机构支付服务管理办法》,对第三方支付平台企业的市场准入进行规制,实施支付许可证制度,对第三方支付行业管制呈现加强的趋势。支付许可制度的实施使第三方支付平台企业的市场准入行为得到规范,但中国人民银行规定的第三方支付市场准入门槛较高,使能够进入市场竞争的企业减少。同时,在支付市场已逐渐被大企业占据的情形下,实施支付许可制,进一步增加了市场进入的难度,构

---

① See Robert. H. Bork, *The Antitrust Paradox: A Policy at War with Itself*, Free Press, Maxwell Macmillan Canada, 1993, p. 310.

② 参见程贵孙:《平台型产业反垄断规制的理论误区与释疑——基于双边市场理论视角》,载《商业经济与管理》2009 年第 3 期。

③ 参见[美]赫伯特·霍温坎普:《联邦反托拉斯政策:竞争法律及其实践》,许光耀、江山译,法律出版社 2009 年版,第 387 页。

④ 参见商海岩、张松松:《网络外部性对第三方支付的锁定效应——基于双边市场的分析》,载《理论探讨》2013 年第 6 期。

筑了较高的市场进入壁垒。

最后,客户忠诚度也会形成市场进入壁垒。消费者对在位企业的忠诚度在一定程度上会阻止新企业进入市场。依附于大型电子商务企业的第三方支付平台企业会获得较高的声誉,更容易取得消费者和商户的信任。相比之下,规模小、资金实力相对薄弱的第三方支付平台企业就很难得到消费者的认同及商业银行的信用支持。同时,第三方支付平台企业在电子商务交易中充当了商家与消费者之间的信用中介,这种信用担保模式也形成了消费者和商家对第三方支付的信任,为在位支付平台企业带来了较高的客户忠诚度。在先进入者拥有了这些客户忠诚度以后,后进入平台企业吸引这些用户参与其支付平台十分困难。

此外,沉没成本也构成了第三方支付市场的进入壁垒。在第三方支付平台的固定成本中,占较大比例的是沉没成本。特别是对技术要求较高,而新技术及产品的研发也需要投入大量的沉没成本,这些成本并非中小企业所能承受,[①]也使潜在竞争者进入市场面临巨大的风险,从而阻碍其市场进入决策的形成。总之,通过对第三方支付市场结构的静态考察和动态分析,可以看出第三方支付行业呈现出寡头垄断的市场结构,寡头垄断的存在对掠夺方实施掠夺性定价形成了有利的市场结构。

(三)一个新的衡量范畴:纵向一体化[②]经营模式下的市场优势传导

在传统行业中,企业市场份额的界定相对较为容易,但目前互联网产业已经发生了非常大的变化,企业之间的竞争已经不再是产品与产品的竞争,而是生态系统间的竞争,一个产品的优势会扩展到整个上下游的优势。特别是在第三方支付行业中,网络效应作用下,企业的先发优势明显。如前所述,许多第三方支付企业的先发优势形成是来自其纵向一体化中另外一个市场上的市场优势地位。在纵向一体化的背景下,企业在原有市场中的优势地位会传导到第三方支付市场中。因此,如果仅从第三方支付产品的市场份额来界定其是否具有市场支配地位就会失去一个重要的测度因素。因此,应从一个新的视角,从更

① 参见杨文明:《论互联网企业市场支配地位认定的非结构因素》,载《河北法学》2014 年第 12 期。

② 纵向一体化有两层含义:一是指企业生产经营的状态;二是指企业的策略行为,即企业通过纵向兼并或投资行为进入产业链的不同环节,从事上下游的经营活动。本书所指的纵向一体化主要指纵向一体化状态。

广的范畴去衡量第三方支付企业对市场的控制力。

在电子商务生态系统中,解决资金流的支付系统是不可缺少的一环。因而,许多电子商务交易企业通过自己设立或者收购第三方支付企业来建立自己的电子商务生态系统,这就使第三方支付企业与电子商务平台企业关系密切。基于此,在市场支配地位或滥用市场支配地位的分析中也会变得更为复杂。许多第三方支付的市场支配地位是基于其电子商务交易平台的支配地位产生的,同时,第三方支付领域的支付地位滥用行为也与其电子商务平台支配地位的滥用交织在一起。如 PayPal 之所以在在线支付市场上具有市场优势地位,是因为与其一体化捆绑的电子商务平台 eBay 在在线拍卖市场中的优势地位。因此,在第三方支付市场中界定一个企业的市场支配地位,还要考虑其在纵向一体化下上下游市场上的市场力量。

第二节　第三方支付企业掠夺性定价行为

第三方支付企业掠夺性定价,主要是指具有市场支配地位的企业为排挤竞争对手,持续以低于成本的价格销售产品的行为。[①] 波斯纳认为,只有在以下条件都满足时,掠夺性定价策略才是可行的:掠夺者具有垄断地位;掠夺者和被掠夺者的成本不对称;新进入者已经向掠夺者所在的市场投入了专用于该市场的一些资源,因而把他们转做他用需承担成本。[②] 掠夺性定价的认定要素主要从市场结构和成本因素来考虑。[③]

一、第三方支付企业低于成本定价的理论争议

理论界对第三方支付平台企业掠夺性定价的研究是从双边市场的角度展开的。如前所述,平台企业在定价机制上采取了非中性的价格结构来使网络外部性内部化。[④] 如果将两边市场分开来看,其中一边市场价格由于低于平均成

---

① 参见牛睿:《反垄断法问题研究》,辽宁大学出版社 2010 年版,第 116 页。

② 参见[美]理查德·A. 波斯纳:《反托拉斯法》,孙秋宁译,中国政法大学出版社 2003 年版,第 249 页。

③ 参见胡甲庆:《反垄断法的经济逻辑》,厦门大学出版社 2007 年版,第 201 页。

④ See Caillaud B. and B. Jullien, "Chicken and Egg: Competition among Intermediation Service Providers", *Rand Journal of Economics* 34(2), 2003, pp. 309 – 329.

本,所以看上去形成了一个反垄断法上的掠夺性定价。① 但是许多学者认为,在双边市场中,一边市场的价格与成本之间没有太大关系,价格可以脱离边际成本。② 由此认为,平台企业对一边市场采取低于成本价格的定价机制并不存在反垄断法上的问题,不能被认定为反垄断法上的掠夺性定价。相反,这恰恰是双边市场中企业间存在竞争的反映。更有学者认为,对一边市场采取低于边际成本的价格是双边市场利润最大化的策略。伴随使用外部性和成员外部性,这种价格上的扭曲并不构成市场补贴边的掠夺性定价或者利润产生边的市场力量,而且能改善市场效率。③

第三方支付市场是典型的双边市场,第三方支付平台所连接的双边市场相互之间存在内部独立性,消费者在加入或使用支付平台时并不会考虑间接网络外部性。④ 因此,第三方支付平台企业需要解决两边市场中用户的平台参与问题,其最大的目标是将两边市场的间接网络外部性内部化,将双边市场中的用户吸引到平台上参与交易以突破临界规模,从而能够生存并获取利润。而这其中价格因素起到了关键性的作用,决定着平台上的消费者使用支付产品的积极性。因此,第三方支付平台企业必须制定正确的价格结构和投资策略以平衡双方用户的需求。而非中性的价格结构恰恰解决了支付平台两边用户的平台参与问题,即对需求弹性较高的消费者市场制定一个低于成本的价格,对需求弹性较小的商户市场采取一个超高定价。如果根据前述双边市场理论中掠夺性定价的理论研究成果,第三方支付平台企业对一边市场采取低于成本的价格不能认定是反垄断法上的掠夺性定价。然而,第三方支付平台企业实施非中性的价格机制虽然是双边市场特征的内在要求,但并不表明在第三方支付市场上就不存在掠夺性定价行为。第三方支付市场中同样会存在掠夺性定价的行为,第三方支付平台企业对一边市场低于成本定价的行为并不能一概排除在反垄断

---

① See Parker. G. and van Alstyne. M. W. ,"Two-sided Network Effects:A Theory of Information Product Design",*Management Science* 51(10),2005,pp. 1494 - 1504.

② See Wright Julian,"One-sided Logic in Two-Sided Markets", *Review of Network Economics* 3(1),2004,pp. 44 - 64.

③ See S. Sriram, Puneet Manchanda, Mercedes Esteban-Bravo, Junhong Chu, Liye Ma, Minjae Song,Scott Shriver and Upender Subramanian,"Platforms:A Multiplicity of Research Opportunities", *Marketing Letters* 26,2015,pp. 141 - 152.

④ See Filistrucchi L. ,Geradin D. and van Damme,E. ,"Identifying Two-Sided Markets",*World Competition* 36(1),2013,p. 36.

法规制之外。

第三方支付市场中同样存在掠夺性定价行为，这种掠夺性定价恰恰是暗合在非中性的定价机制之中，这使第三方支付平台企业掠夺性定价行为面临更为复杂的反垄断法分析。对于低于成本定价的行为，要区分出属于合理的非中性定价行为和暗合于非中性定价机制中的掠夺性定价行为。对此，可以将平台两边的消费者作为一个整体，对平台两边用户的总价格加成予以衡量，[①]将平台企业在交易中的总边际成本和向用户收取的总价格进行比较，如果平台企业向两边市场投入的总成本低于所收取的总价格，则应当认定暗合于非中性定价机制中存在构成掠夺性定价要素之一的"低于成本定价的行为"。

二、损失补偿的可能性：行为分析

判断平台企业是否实施了掠夺性定价行为，除了要考察市场结构和企业的市场力量以外，更为重要的是平台企业能否在获取垄断地位后以垄断价格弥补低价期间的损失并获取利润。[②] 第三方支付平台企业实施低于成本价的定价行为势必会给竞争对手带来不利影响，但是竞争法保护的是竞争而不是竞争者，按照双边市场定价机制这是企业正常的定价策略，[③]在不损害市场竞争和消费者利益的前提下，是会增进社会福利的。但是，当第三方支付平台企业拥有市场力量以后，其定价行为是值得关注的，是否会提高价格有损于竞争和消费者利益，是否在企业前期的损失要通过其市场势力在此时收回，是反垄断法上应该予以考察的。如果是正常的利润回收则是合理合法的，但如果是靠市场力量来获得垄断利润以弥补掠夺期间的损失，则违反了反垄断法。

有学者认为，处于寡头垄断市场中的平台企业即便有市场势力也不具有滥用市场势力的条件。双边市场的网络外部性会限制具有市场势力的企业在掠夺成功后再次重新调整和提高价格以获取垄断利润。因此，平台企业并不能从

---

① See Rochet J. and J. Tirole, "Cooperation Among Competitors: Some Economics of Payment Card Associations", *RAND Journal of Economics* 3, 2002, pp. 549 – 570.

② See E. Thomas Sullivan, Herbert Hovenkamp, Howard A. Shelanski, *Antitrust Law, Policy and Procedure: Case, Materials, Problems*, 6th ed. Lexisnexis, 2009, p. 683.

③ See Filistrucchi L., Geradin D. and van Damme, E., "Identifying Two-Sided Markets", *World Competition* 36(1), 2013, p. 36.

对某边用户的先低后高的价格策略中获取超额利润。[①] 本书对这种观点持不同意见，这只是一个理论假设，实践中并非如此。下文以支付宝为例来考察第三方支付平台企业提高价格的可能性。

2003 年支付宝进入市场时是为了给淘宝网的电子商务交易提供支付服务，并未向用户收取手续费，承担了中间的银行费用。支付宝于 2004 年从淘宝分离出来成为独立的第三方支付机构，仍然实施免费策略。这是由于在进入市场初期，由于平台的交易量有限，需要解决的是提高双边用户参与积极性的问题。因此，支付宝通过其免费模式鼓励商家和消费者使用其支付服务。但是当支付宝获得用户规模后，调整了其价格政策，取消了其单一的免费定价模式。[②] 实践证明，随着支付宝用户规模扩大，商户与消费者之间的间接网络外部性不断强化。用户被锁定后不会因为收取一定的手续费用而离开支付宝，支付宝此时才对其价格政策进行调整，不断推出收费政策提高价格。[③] 事实上，支付宝不断推出收费政策并没有使用户流失。从以上对支付宝定价策略的考察可以看出，并非像许多学者研究成果所认为的那样：在双边市场中平台企业不具备提高价格的能力。[④] 相反，在第三方支付市场上，支付企业仍然有提高价格的能力，而且多数第三方支付平台企业都采取了“免费策略—用户锁定—提高价格”的商业模式。

第三方支付平台企业进入市场时以低于成本价的方式吸引用户，在其用户规模增加突破临界规模并逐渐获取市场支配地位以后，就开始利用市场势力来提高价格以获得垄断利润。在锁定效应下，一方用户如果转移到另一个平台，就会失去另一方用户的间接网络外部性。正是由于这种锁定效应，支付企业在一个适当的范围内具备提高价格的能力。如前所述，第三方支付平台企业可以通过保持一边市场价格不变而提高另一边市场价格。这也是其运用市场势力

---

① 参见程贵孙、李银秀：《平台型产业反垄断规制的几个关键问题研究》，载《当代财经》2009 年第 7 期。

② 2007 年 4 月开始首次收费，对自助集成支付宝服务的非签约商家，交易成功后系统自动扣除交易金额的 3% 作为交易手续费。2009 年 1 月又开始对“我要收款”“AA 收款”“担保交易收款”等服务中交易金额超过免费交易流量的，收取一定比例的服务费用。此后，2013 年 12 月开始电脑端转账免费的额度也被取消，结束了支付宝账户之间的免费服务。参见支付宝服务收费规则，载支付宝官网：https://cshall.alipay.com，2015 年 11 月 4 日最后访问。

③ 参见付华：《基于双边市场理论的第三方支付竞争研究》，载《商业时代》2013 年第 27 期。

④ 参见岳中刚：《双边市场的定价策略及反垄断问题研究》，载《财经问题研究》2006 年第 8 期。

补偿掠夺性定价期间损失的一个手段。

此外,第三方支付平台企业所选择的提高价格的方法,决定其是否能够成功补偿低价期间的损失并获取垄断利润。第三方支付市场不像在单边市场中一样,简单提高价格即可掠夺成功。第三方支付平台企业提高价格时采取的方法不同将影响成功补偿损失的可能性。这一点在分析双边市场中平台企业的提价策略即可看出。雅虎在网站设立之初,其注册的用户数量很少。随后雅虎通过对卖方注册费的免费策略迅速吸引了大量用户,并获得了较高的市场份额。但在2001年开始向卖方收取注册费时,它的用户数量急剧下降。与之形成对比,在2007年淘宝逐渐开始收费并提高价格时,虽然也不断遭到商户抵制,但并没有明显的用户流失。同样,前文所述支付宝几次提高价格后也并未有用户的实质性减少。雅虎采取收费策略后用户发生了转移,而淘宝、支付宝实施收费策略后用户继续留在平台上,是因为雅虎收取的是注册费,而淘宝、支付宝提高的主要是交易费。如果平台企业收取注册费,则使成员外部性对使用外部性产生较大影响。当注册用户大幅度减少,使用者的基数势必也会减少,在网络外部性下会导致更多的使用者退出。然而,如果注册费不变仅是提高交易费,则有所不同。此时不会对成员外部性带来负面影响,只是使用外部性可能产生影响。平台参与的成员不减少,再加上支付平台提高价格的幅度仍然是在商户可承受的范围之内,那么就不会出现商户大规模的退出。由此可见,并非像一些学者认为的那样,双边市场中价格提高不可能成功,平台企业不具有提高价格的能力。实践中,第三方支付平台企业可以通过只提高交易费而不增加注册费的方式来达到其提高价格获取利润的目的。

三、纵向一体化模式下掠夺性定价的异化:交叉补贴

为保证掠夺成功,掠夺方需要通过一定途径获得资金以便比竞争对手持续更长时间,如拥有足够的储备资金、持续的金融支持或来自其他市场或其他产品的交叉补贴。[①] 在纵向一体化经营模式下,第三方支付平台企业通过在其他市场上的利润补贴收回低价期间的损失以确保其掠夺成功,这是其掠夺性定价中获取资金和弥补损失的一个重要途径,由此也产生了掠夺性定价异化为交叉补贴的表现形式。

---

① 参见于春晖、闫星宇:《掠夺性定价理论述评》,载《产业经济评论》2003年第12期。

传统反垄断法的交叉补贴,是指企业用从一个市场上的业务经营中所获得的资源和利润来支持其在另一个市场上的发展所采取的价格补贴行为。① 传统单边市场理论认为,企业的交叉补贴损害了市场中其他竞争者的利益,也有损于消费者的福利,应当予以禁止。就双边市场而言,许多学者所研究的交叉补贴是针对平台所连接着的两边市场相互之间的价格补贴而言的,②认为其中一边市场消费者之所以能支付较低费用是受到另一边市场中商户支付高费用带来的交叉补贴。③ 本书所指的交叉补贴与此不同。本书所述的交叉补贴,是从第三方支付市场与电子商务交易市场关系的角度,在纵向一体化企业中由电子商务交易市场中所获得的收益来支持其在第三方支付市场上的发展所采取的价格补贴行为,以及支付市场中的价格损失通过电子商务交易平台的利润收回的行为。

宿主型第三方支付平台采取纵向一体化的经营模式,在产业链中多为电子商务集团企业在支付环节上所设的企业,在组织关系上属于同一个集团企业,而产业链中又存在上下游之间的纵向关系,易于出现纵向交叉补贴行为。第三方支付平台企业往往通过与电子商务交易平台之间的交叉补贴来完成掠夺性定价行为。以支付宝为例,虽然支付宝从淘宝分出来之后成为独立的支付平台,但其主要的合作伙伴仍为淘宝和阿里巴巴,并且与之都同属一家集团企业,其经营模式即为纵向一体化的模式。正是在电子商务交易平台的资金支持下支付宝才能够以免费策略低价进入市场,并且得以持续低价吸引消费者进入并使用其支付平台。同时,支付宝的发展也为关联集团企业提供了价格补贴。支付宝为淘宝和阿里巴巴提供了比市场价格更为低廉的支付结算服务。特别是在支付宝提高相关服务价格后,对淘宝交易平台也提供了价格补贴,几次都保留了对淘宝的除外规则,对淘宝交易中的支付服务不收费。如 2009 年支付宝对大额交易量用户收取一定比例的服务费用,但对包括淘宝在内的阿里巴巴旗下网站的电子商务交易中的支付服务是免费的。

由此可见,第三方支付平台企业在纵向一体化经营模式下易于通过交叉补

---

① 参见王黎黎、杨建磊、罗斌:《掠夺性定价行为的异化及其竞争策略研究》,载《经济与管理》2007 年第 3 期。

② See Wright Julian, "One-sided Logic in Two-Sided Markets", *Review of Network Economics* 3(1), 2004, pp. 44 – 64.

③ 参见吴汉洪、孟剑:《双边市场理论与应用述评》,载《中国人民大学学报》2014 年第 2 期。

贴的方式来完成掠夺性定价。电子商务平台企业为第三方支付平台企业的持续低价行为提供资金补贴,同时第三方支付市场上的亏损通过在电子商务平台上的利润收回。此时,纵向一体化下的交叉补贴有两个方面:首先,在第三方支付平台企业进入市场时就产生了这种补贴,集团企业提供资金支持,使第三方支付平台企业能够以低于成本价的方式进入市场并持续经营。其次,第三方支付平台企业获得市场优势地位后,即使不提高价格,也可以通过向关联母公司提供价格补贴以传输利润的方式来收回其低价带来的损失。因此,第三方支付平台企业除通过提高价格来回收损失之外,还可以通过一体化经营模式下,与电子商务交易平台形成交叉补贴,最终由交易平台的利润来收回其在支付市场中的损失。

综上所述,目前在第三方支付市场中出现了垄断的市场态势,特别是在宿主型第三方支付中,已经形成了寡头垄断的市场结构。由于第三方支付平台双边市场的特征,对其掠夺性定价进行反垄断法分析时不能仅从一边市场来考察价格和成本的关系。就第三方支付平台企业的定价机制而言,如果将有支付服务需求的消费者和商户同时作为与提供支付服务的平台企业相对的一边,就会出现一个对两边用户市场的总价格和总成本。此时,就像传统的单边市场中对掠夺性定价的规制一样,应该比较总价格和总成本的关系,分析是否有低于成本价格的行为。针对许多学者认为的具有网络外部性的双边市场平台企业不具备提价能力的这一观点,本书通过对支付宝定价及竞争策略的实证分析,得出不同的结论:第三方支付平台企业具备提高价格的可能性,具体来讲,可以通过只提高交易费而不增加注册费的方式来达到其提高价格以弥补低价期间的损失并获取利润的目的。同时,对于宿主型第三方支付企业,纵向一体化的经营模式使其可以通过在其他产品市场上的交叉补贴收回掠夺期间的损失。

第三节 第三方支付企业的捆绑行为

捆绑是指卖方在与买方签订合同时,强迫买方购买另外一种产品或服务,强迫购买的产品或服务从性质上或交易习惯上都与合同无关。[①] 捆绑的形式包

① 参见姚保松:《公用企业反垄断法律规制研究》,法律出版社2014年版,第212页。

括纯捆绑和混合捆绑。① 反垄断法之所以对捆绑行为密切关注,是因为它们将一个产品市场上的市场力量扩展到另一个产品市场上。捆绑的结果是减少了买方的选择,排除了竞争对手。如果卖方在捆绑产品市场上具有市场力量,这种捆绑行为适用本身非法原则;如果卖方在该市场上没有市场力量,捆绑行为则适用合理性原则来分析判断。

一、美国易贝(eBay)捆绑贝宝(PayPal)的反垄断调查

2008 年 eBay 以其他支付方式不安全等理由,强制在澳大利亚的所有交易者都使用其在线支付系统 PayPal,买家在网上购物只能通过 PayPal 在线支付的方式,从而引发了反垄断调查。

eBay 主张该行为可以减少网络交易引发的争端,因为 eBay 与 PayPal 能在每笔交易中共享信息,使用 PayPal 能比其他外部支付方式更有效地阻止欺诈。但是,PayPal 的收费标准高于其他支付平台。eBay 平台上的商家基本是独立的零售商,通常不接受信用卡支付,而 PayPal 则充当了中间商。eBay 上的消费者通过信用卡和银行账号支付,PayPal 将款项转到商家的账号。正常每笔银行转账交易收取 20 美分,但是 PayPal 向商家收取 30 美分,并会收取不超过 4.4% 的佣金。② 如果 eBay 上的所有交易都不允许使用直接存款、汇票、个人支票等交易方式,只能通过 PayPal 支付,这将会影响澳大利亚 eBay 上的很多商家,因为使用 PayPal 支付,每笔交易需要额外支付 1.1% ~2.4% 的手续费。③ 同时,Paypal 在结算货币中使用不同的汇率标准,使得用户在外汇折算时会受到损失,eBay 仅是试图提高自己的盈利水平。

eBay 捆绑 PayPal 支付平台将会减少市场竞争,创新和研发也会受限,为潜在竞争者制造了市场壁垒,在相对封闭的市场中,PayPal 可以通过提高对用户的收费标准获得垄断利润。由于澳大利亚反竞争与消费者委员会对其的反垄断调查,最后该项捆绑计划被迫放弃。

捆绑产品和被捆绑产品通常都属于两个市场。第三方支付行业中的捆绑

---

① 参见李叶:《捆绑与搭售行为的反垄断质疑——基于市场经济学视角分析》,载《现代管理科学》2013 年第 3 期。

② 参见李然:《eBay 在澳涉嫌垄断支付宝敏感时期获支持》,载《IT 时代周刊》2008 年第 7 期。

③ 参见《eBay 澳大利亚强迫用户使用贝宝,政府介入调查》,载 cnBeta 网:https://www.cnbeta.com/articles/tech/53679.htm,2020 年 7 月 28 日最后访问。

行为,多半是发生于与其有关联关系的电子商务市场。由于电子商务市场易于形成寡头垄断的市场特征,从一开始就形成了寡头垄断格局。其中,淘宝网处于支配型寡头垄断的绝对优势地位,其中也不乏采取了捆绑的销售模式。例如,淘宝绑定了支付宝作为其支付平台。商户在淘宝网注册后必须要注册支付宝账户,同时将支付宝列为其支付方式之一,在两个相互独立并且互补的产品之间,形成了捆绑销售。此外,在苏宁易购注册会员,同步拥有易付宝账户,可以在苏宁易购上直接给易付宝账户充值,付款时可用易付宝直接支付。用户对易付宝账户激活后,即可享受信用卡还款、水电煤缴费等各种应用服务。

捆绑在经济活动中并不少见,但是对于第三方支付平台来说意义有所不同。第三方支付企业发展过程中多是纵向一体化产生的,在第三方支付发展初期,基本上是要靠着电子商务交易平台的捆绑来提升自己的竞争力,采取与其有纵向关系的电子商务平台捆绑的手段,吸引用户使用其支付服务,并利用网络外部性吸引更多的商户和消费者使用其支付平台。当第三方支付企业获得优势地位之后,反过来也会巩固电子商务企业的垄断地位。同时,电子商务企业即使具有寡头垄断的地位,也仍然要应对来自其他平台的竞争和挑战,仍然会使用捆绑手段来提高平台的利润水平,从而可能损害其他竞争者的利益。

二、第三方支付行业中捆绑的理论分析

通过捆绑行为,具有优势地位的企业可以减少被捆绑产品市场的竞争,将其垄断势力延伸到被捆绑产品市场。① 同时,从进入壁垒的角度来看,在寡头垄断的市场结构中,如果规模经济的效果较为明显,捆绑可以改变市场结构和阻碍进入者,并且会增加垄断企业的收益。捆绑可以排挤被搭售品市场的竞争者,当一些竞争对手退出市场后,被捆绑销售产品市场中的替代性就会减少,行为人就能够增加利润。② 如果在位企业在两个产品市场中都占据垄断地位时,对两种产品进行捆绑销售,能够利用任意一个产品市场上的垄断势力保护另一个市场上的产品。③

---

① 参见叶泽、喻苗:《垄断企业捆绑销售的策略效应》,载《长沙理工大学学报》(社会科学版)2005 年第 11 期。

② See Whinston M D. Tvine, "Foreclosure and Exclusion", *American Economic Review* 80(4), 1990, pp. 837 – 859.

③ Nalwbuff. B., "Bundling as an Entry Bamer", *Quarterly Journal of Economics* 119. 2004, pp. 159 – 188.

电子商务平台与第三方支付平台的捆绑行为是比较常见的一种垄断行为。电子商务交易产品与第三方支付产品之间为互补性产品,具有间接网络效应,当电子商务交易数量增加时,会间接地增加第三方支付的用户支付。在这种互补产品中,电子商务交易量影响第三方支付的需求量,同时,第三方支付产品的使用数量增长又会进一步促进对电子商务交易平台的参与。因而,第三方支付平台与电子商务平台捆绑后,在电子商务平台上的商户和消费者必须同时使用其捆绑的第三方支付平台,由此,会增加第三方支付的使用量。同时,当第三方支付平台的用户增多后,网络效应也会更加显著,使平台的价值增加,也会促使更多的用户参与与其捆绑的电子商务平台,形成了需求方规模经济和正反馈,使原有的市场优势进一步扩大,极易形成垄断。

三、第三方支付企业捆绑的限制竞争效果

具有市场支配地位的企业通过实施捆绑行为,不但可以维持其基础产品市场的垄断地位,而且会把这种垄断势力延伸到新产品市场上,[①]这被称为“二重的独占理论”。[②] 第三方支付平台与电子商务平台捆绑可以在杠杆作用下传递市场力量,产生“两重独占”。如果具有市场优势地位的电子商务平台要求商户和消费者都使用其自身的支付平台来进行支付,就会产生排除和限制竞争的效果。在用户黏性作用下,支付平台会对用户产生锁定效应,使该支付平台具有更大的市场份额,形成规模效应,并使其逐步趋向垄断。此时,第三方支付市场的竞争结构也变为垄断市场,第三方支付平台可以通过垄断力量指定服务价格,获得垄断利润。例如,在支付宝创立之初,是靠淘宝对其的捆绑,获得了来自淘宝网的大量客户,形成了支付宝最早的用户群体。此后,支付宝更是凭借淘宝的交易流量,不断增加用户的使用数量,在网络效应的作用下,最终形成了第三方支付细分市场上市场份额最大的平台。同时,在第三方支付平台具有优势地位后,也会保护其电子商务平台的竞争。随着第三方支付企业在支付市场中形成优势地位,在电子商务市场上的其他企业由于没有独立的支付渠道而处于竞争中的劣势,进一步巩固了与其捆绑的电子商务企业的优势地位。

---

① See Carlton D. and Waldman M. ,“The Strategic Use of Tying to Preserve and Relate Market Power in Evolving Industries”,*Rand Journal of Economics* 33,2002,pp. 194 – 220.

② 王健:《搭售法律问题研究——兼评美国微软公司的搭售行为》,载《法学评论》2003 年第 2 期。

第三方支付市场上的捆绑可以制造进入壁垒。当垄断企业在电子商务市场和第三方支付市场获得二重独占以后,会进一步强化其垄断地位。竞争者面临着必须同时进入两个市场的困境,想要获取竞争优势,不仅需要在电子商务市场上竞争,而且在第三方支付市场上也要展开进行竞争。实施捆绑销售的电子商务平台和第三方支付平台阻止了潜在竞争者的进入。利用网络效应和正反馈机制以及用户黏性,或者通过规模经济,不但使潜在竞争者进入市场难度加大,而且使现有竞争者生存十分困难。

第三方支付平台可以利用捆绑销售来实行价格歧视。第三方支付混合捆绑中,电子商务平台通过与第三方支付平台捆绑的方式,为电子商务交易用户提供一个捆绑价格,而这个价格会比单独使用第三方支付产品会低。例如,支付宝凭借其在市场中的优势地位,进行价格歧视,对淘宝用户和非淘宝用户进行不同的定价,淘宝商家在使用支付宝时就无须支付手续费用,而非淘宝商家得支付手续费。这样,在使用支付宝进行支付的电子商务市场上,与淘宝有竞争关系的其他竞争对手的成本就会高于淘宝,为淘宝在电子商务市场的竞争积聚优势,阻碍了其他电子商务平台的市场进入。

第四节　第三方支付企业的价格歧视行为

差别待遇被称为歧视行为,是各国反垄断法所禁止的滥用市场支配地位行为。其中,价格歧视是最为主要的一种歧视行为。[①] 价格歧视与差别定价不同。在第三方支付行业中存在不少的差别定价,但并非所有的第三方支付企业价格差别行为都构成价格歧视行为,应进行具体分析。

一、纵向一体化模式下的价格歧视行为

我国价格歧视行为规定在滥用市场支配地位中,我国《反垄断法》第 17 条第 1 款规定:“禁止具有市场支配地位的经营者从事下列滥用市场支配地位的行为……(六)没有正当理由,对条件相同的交易相对人在交易价格等交易条件上实行差别待遇”。价格歧视就是指价格性差别待遇滥用行为。在相同的交易条件下,没有合理的理由而对产品价格作出差别性对待,对条件相同的交易相

---

① 参见牛睿:《反垄断法问题研究》,辽宁大学出版社 2010 年版,第 118 页。

对人采用不同的价格，就会构成违法价格歧视行为。[①]

价格歧视行为又分为横向价格歧视和纵向价格歧视。横向价格歧视行为是经营者排挤与其在同一市场中有竞争关系的其他经营者，主要影响经营者所在市场中的竞争。而纵向价格歧视可能在下游市场损害买方相互间的竞争，也有可能在上游市场损害卖方与其竞争者之间的竞争。上游市场中具有市场优势地位的行为人滥用其优势地位对下游市场中的不同客户采用不同的价格，通常更容易发生在一体化关系中，如从中得到利益的是行为人的子公司。[②]

在第三方支付行业中，一些第三方支付企业多经过纵向一体化从电子商务平台拆分出来，或者是经过纵向一体化与其他电子商务企业合并，纵向一体化的特征明显，在这样的企业结构中，上下游企业之间内部具有一定的关联关系。斯蒂格勒认为，通过纵向一体化，垄断者可以实行价格歧视，赚取更多的消费者剩余，而在未一体化的情况下这种可能性要小得多。[③] 企业采取纵向一体化的模式可以将外部交易成本转为内部运营的手段，能够增进社会效率。但是，也会出现为了关联企业的利益而实施纵向价格歧视行为。

虽然第三方支付企业同下游的电子商务企业不存在竞争关系，但是，经过纵向一体化之后，与之形成关联关系的电商企业往往处于第三方支付下游市场的竞争中。因此，第三方支付企业基于对其关联关系企业的偏袒，往往会对与关联企业形成竞争的企业实施差别待遇，表现在价格上就是价格歧视行为，这些行为限制了第三方支付市场上的竞争。这样的纵向价格歧视行为对下游企业所在市场竞争的损害明显，并且可能降低终端消费者的利益。本书主要以支付宝区别收费事件为例，对第三方支付企业纵向价格歧视行为的行为模式和效果进行分析。

二、支付宝区别收费行为的反垄断法分析

支付宝从免费到收费，几次的收费规则变动中，均对其关联公司的淘宝账户和非淘宝账户作出了差别待遇。在 2006 年 12 月 28 日，支付宝发布《支付宝对非淘宝商家的收费通知》，称支付宝将从 2007 年 1 月开始，对淘宝以外的商

---

① 参见叶高芬：《认定违法价格歧视行为的既定框架及其思考》，载《法商研究》2013 年第 6 期。

② 参见许光耀：《价格歧视行为的反垄断法分析》，载《法学杂志》2011 年第 11 期。

③ 参见宋晶：《纵向一体化反垄断政策研究》，东北财经大学出版社 2010 年版，第 71 页。

家收取一定比例的技术服务费，并明确此次收费不涉及淘宝网商家。此后，2008年支付宝对转账功能进行收费，对《支付宝服务协议》进行变更，在《支付宝服务收费规则》进行规定，[①]其中主要内容的第一条就是，“对于在淘宝网等支付宝商家网站上直接使用支付宝服务完成的交易，不受本次《支付宝服务协议》变更的影响，仍无需支付服务费用”。支付宝作为第三方支付市场上市场份额最大的企业，在其支付服务收费规则中对淘宝商家和非淘宝商家采取了不同的价格水平。下面对支付宝区别收费是否涉嫌纵向价格歧视进行分析。

（一）支付宝具有市场优势地位

实践中，并不是所有的企业都有能力实施价格歧视行为，只有具有一定市场力量的企业才有可能成功实施价格歧视行为。在竞争性的市场上，企业往往在不同程度上都或多或少有一些市场力量，能够在某种程度上进行区别定价。但是这种情形处于不断变动的状态，而且其目的一般是增加利润，不是排斥竞争者。真正的价格歧视是可以长久维持的，只有具有市场优势地位的企业才有能力实施。只有企业具有较大的市场力量，才有能力长期采取歧视性价格，而下游市场中的企业不得不接受。如果是没有市场力量，当行为人采取歧视价格策略时，下游企业完全可以寻找到别的上游企业合作。

2014年第三方网上支付市场中，支付宝占比49.6%，其交易规模排名市场第一位。[②] 支付宝一直是第三方网上支付市场份额最大的第三方支付企业，在电子商务交易市场上占据着主要的市场份额，具有市场优势地位。在其几次的支付服务费规则变动时，其策略均涉嫌歧视性价格。支付宝对淘宝商户和非淘宝商户分别定价，而且实践中最终都能完成实施，在一定程度上也说明其具有优势地位。如果一个企业能够长期从事价格歧视行为，恰恰可以说明它很可能是具有支配地位的。[③]

（二）价格歧视行为表现及反竞争效果

支付宝试图通过价格歧视行为为其关联企业淘宝在交易中形成竞争优势，

---

① 2008年12月26日，支付宝又发布了关于变更《支付宝服务协议》的公告：自2009年1月1日开始，支付宝对在支付宝网站上使用“我要收款”“我要付款”功能，及通过“阿里旺旺”使用“AA收款”功能的支付宝用户，按照支付宝账户的类型提供每月5000元等金额的免费交易流量，对实际交易金额超过该免费交易流量的，收取一定比例的服务费用。

② 参见李东荣主编：《中国互联网金融发展报告》（2015），社会科学文献出版社2015年版，第6页。

③ 参见许光耀：《价格歧视行为的反垄断法分析》，载《法学杂志》2011年第11期。

具有排除和限制竞争的嫌疑。这种价格歧视行为容易产生次级损害。次级竞争损害是处于纵向价格歧视中的上游企业实施价格歧视行为后给下游企业带来的损害。[①] 支付宝作为上游企业,对下游企业中的淘宝商户和非淘宝商户进行不同的定价,给在下游电子商务交易市场上的竞争带来了不利影响。这会使得淘宝商户和非淘宝商户商品由于不同的支付成本而使产品成本也不同,淘宝商户会在竞争中具有更大的竞争优势,这种优势不是竞争中形成的,而是通过关联关系中的价格歧视而产生的。

支付宝作为纵向一体化的企业,在下游市场上对不同的用户实施差别收费,对与其关联企业有竞争关系的下游企业收费,而对其关联企业则不收取费用。这种做法提高了下游市场竞争对手的经营成本,使下游企业间竞争地位不平等,损害下游市场的竞争。

(三)正当理由因素考察

具有优势地位的经营者如果采取了区别定价的策略是基于正当的理由,则不能成立价格歧视,但是如果没有正当理由对条件相同的交易相对人采取不同的价格策略,那么就会构成价格歧视行为,导致违法后果。通常认为,在价格歧视行为中可以提供抗辩的正当理由有两个:成本差异和适应竞争。在第三方支付区别定价中,主要可供抗辩的正当理由是基于成本差异导致的区别定价。基于成本差异所产生的抗辩主要是指以成本合理化为理由对被指控的价格歧视行为进行抗辩。[②] 然而,支付宝对淘宝商家提供服务和对非淘宝商家提供服务,并不存在明显的成本差异。同时,电子支付产品属于信息产品,复制成本较低,随着使用成员的增多,其成本呈现降低的趋势,而且基于此特性,无论是淘宝用户还是非淘宝用户,在支付过程中所耗费的成本不但不会有区分,而且会随着用户的扩大,降低每次提供的支付成本。也就是说,原来专为淘宝提供支付服务的支付宝,由于为其他用户提供服务的增多,随后提供的成本不但没有提高,反而降低了。因此,从上述分析来看,支付宝采取歧视性定价的策略中,并不存在成本差异的正当理由。

同时,支付宝采取区别定价中也不存在第二个可供抗辩的正当理由,即适应竞争理由。所谓适应竞争理由,是当竞争对手采取低价策略,如果不制定相

---

① 参见王晓晔:《欧共体竞争法》,中国法制出版社2001年版,第257页。

② 参见叶高芬:《认定违法价格歧视行为的既定框架及其思考》,载《法商研究》2013年第6期。

应的低价,就会处于不利的竞争地位,为了在市场上生存,采取了相应的价格歧视行为。[①] 然而,支付宝在第三方支付市场中市场份额第一,而淘宝在电子商务交易市场上也处于市场优势地位,其他的电子商务交易之间尚不存在类似的定价行为,因而,适应竞争理由并不能成立。

支付宝上述区别收费事件涉嫌价格歧视。但是并不是所有的区别收费都会被认定为价格歧视。例如,2013 年 12 月开始在电脑上进行支付宝账户间转账操作,无条件收取转账费用的同时,却对用户通过支付宝移动端进行转账仍然免费。同样是一种差别性定价,但是可以认定此处属于正常的商业竞争定价策略,并没有导致排除和限制竞争。价格歧视行为是发生在对条件相同的交易相对人采用不同的价格,其中在交易产品中就应当是相同的交易产品,"相同产品"是价格歧视规制的前提。互联网支付和手机移动支付是分别在不同的应用场景,而在第三方支付中,支付场景对支付产品的划分是十分重要的,不同的应用场景会产生不同的支付产品和服务,因此,虽然都是支付宝的服务,但是属于不同的产品市场。这可以视为企业对不同产品制定不同的价格,属于正当的价格策略,不属于反垄断法上的价格歧视行为。而且,虽然对 PC 端和移动支付端的定价不同,但是并没有限制到消费者的权利,消费者可以自主选择使用 PC 端或者是移动支付端来使用支付宝。

综上所述,在第三方支付竞争性垄断市场结构特点下,确认企业市场支配地位时不应否定市场份额的重要性,应充分考虑网络效应和竞争动态因素,对综合性标准进行内部调整,在运用传统的结构标准的同时,重视非结构标准以及其他相关因素。通过对第三方支付市场的静态和动态考察,可以得出结论,目前在第三方支付市场中出现了垄断的市场态势,特别是在宿主型第三方支付中,已经形成了寡头垄断的市场格局,占据市场份额前列的大型支付企业已经形成了事实上的市场支配地位。在第三方支付市场上,存在掠夺性定价、捆绑销售、价格歧视等滥用市场支配地位的行为。在掠夺性定价中,可以通过只提高交易费而不增加注册费的方式来达到其提高价格以弥补低价期间的损失并获取利润的目的。同时,对于宿主型第三方支付企业,纵向一体化的经营模式使其可以通过在其他产品市场上的交叉补贴收回掠夺期间的损失。第三方支付企业与电子商务平台的捆绑销售,会使企业在电子商务市

---

① 参见叶高芬:《认定违法价格歧视行为的既定框架及其思考》,载《法商研究》2013 年第 6 期。

场和第三方支付市场获得二重独占，进一步稳固其市场支配地位，并制造进入壁垒。同时，也可利用捆绑销售来实行价格歧视。第三方支付企业的价格歧视行为通常发生在纵向一体化下的关联企业之间，为了关联企业的利益，具有市场支配地位的企业实施价格歧视行为，损害下游企业所在市场的竞争，降低终端消费者的利益。

第六章　第三方支付行业反垄断法规制建议

前文在阐述我国第三方支付行业现实基础和理论依据的基础之上，主要从垄断协议、经营者集中、滥用市场支配地位三个方面展开了反垄断法分析，围绕竞争问题的现象和根源进行了详细的分析，并阐述了反垄断法规制的进路。本章在前文研究基础之上，提出第三方支付行业反垄断规制的策略，并提出有效的规制建议，从而能够规范和促进第三方支付产业的发展。

第一节　第三方支付行业反垄断法的谦抑性规制

以反垄断法律手段对垄断行为进行规制时，也要考虑到反垄断规制成本问题，包括规制措施自身存在不足所带来的规制成本，要考察是否存在更为有效的其他救济措施。虽然在第三方支付行业中对垄断行为的规制有利于维护行业内的市场竞争秩序，从而产生规制利益。但是，第三方支付产业与传统经济不同，存在自身特点，并且目前还处于新兴发展阶段，市场的不断创新和快速发展所带来的变化使各种竞争问题也存在很大的不确定性，容易发生规制错误的情形，产生的规制成本会更大。因此，对第三方支付行业进行反垄断规制应持审慎的态度，在对市场中的竞争现象没有较为准确的认识和判断时，谨慎适用反垄断规则。同时，第三方支付行业具有竞争性垄断市场结构的特点，消灭垄断与行业特征不相符，既不可行也难以实现；而且，在该市场结构下，完全垄断与完全竞争都不必然有效率或者无效率。第三方支付行业这些创新发展的特点需要反垄断法作出回应，即对第三方支付行业的反垄断规制的态度应当是谨慎的，规制重点并不是消灭垄断本身，而是消除垄断对创新的消极影响；应当避免反垄断规制，特别是行业监管的过度规制而抑制创新，在市场创新与反垄断规制之间达到平衡；在规制理念上秉承谦抑规制的理念，在具体的规制原则与手段也应当符合具体行为和市场实际需求。运用合理性原则具体分析和衡量垄断行为限制竞争的效果，并采取柔性救济的措施。

对第三方支付行业中的限制竞争行为进行谦抑规制，可以借鉴欧盟反垄断法实践。欧洲法院通过司法实践进一步细化了认定限制竞争的方法。欧洲法院在区分以限制竞争为目的和具有限制竞争效果的基础上，明确了哪些行为属于以限制竞争为目的的严重竞争行为，无须举证具体限制竞争效果；哪些行为仍须执法机关具体就限制竞争效果进行举证，使所有被纳入规制的限制竞争协议都只有在满足欧盟竞争法律全部要求时才免于被禁止，最终实现欧盟限制竞争协议疏堵结合的功效。① 在第三方支付行业中对限制竞争协议的规制，也应该注意区分以限制竞争为目的和具有限制竞争效果的协议，然后对以限制竞争为目的的垄断协议，无须考察其限制竞争的效果，适用反垄断法进行规制。对于不以限制竞争为目的的垄断协议，执法中就该具体行为的限制竞争的效果进一步调查。

一、合理性原则的扩大适用

对第三方支付产业的反垄断规制应秉承谦抑规制的理念，综合考虑本身违法原则与合理原则，一定程度上将合理性原则扩大适用。在谦抑规制理念下，采取反垄断措施规制垄断行为十分必要，但是应当把握规制的程度和范围，要考虑垄断行为带来的效率效果。同时，还应考虑国家产业政策和经济发展的因素。鉴于对第三方支付产业发展的考量，在对具体垄断行为所带来的竞争效果进行分析时，应采取合理性原则来考察这些因素，考察第三方支付企业实施的垄断行为在获得垄断利润的同时，是否会带来行业的整体效率，是否会为消费

① 参见刘旭：《中欧垄断协议规制对限制竞争的理解》，载《比较法研究》2011 年第 1 期。

者带来福利,是否会使技术不断创新。

在运用合理性原则过程中,必须分析具体行为反竞争效果的大小及其可能的实现程度,分析市场竞争中其他企业会采取的策略性行为、对企业市场力量及消费者的现实影响,在此基础上再考虑是否需要采取反垄断规制,以及规制所采取的手段与措施。在具体的分析中,要以出现严重的反竞争效果为标准来考量垄断行为所导致的反竞争效果与带来的积极效果,结合行业发展以及消费者福利等因素,衡量最终的行为效果。

传统反垄断法对横向垄断协议多适用本身违法性原则。竞争者之间达成限制竞争对手的协议通常被认为是违法的。但是在反垄断法的实践中,这一原则也是不断发生变化的。在一些特定情形下,价格固定也会产生一定的效率,所以原有的本身违法原则发展为只有当垄断协议产生了明显的限制竞争效果,才会认定为违法。事实上,许多价格固定协议带来的相互协作更有效率,应该根据这种情况作出判断。[①] 特别是在第三方支付行业中的横向垄断协议也存在效率和增加消费者福利的作用,应将合理性原则扩大适用于这些横向垄断协议中。

对于纵向一体化模式中产生的垄断行为,考虑到纵向一体化对竞争影响的不确定性及在效率改进和交易成本节约方面的作用,应采用合理性分析原则,考察其带来的经济效益,并考察是否存在正当理由。此外,也应该注意区分以限制竞争为目的和具有限制竞争效果的垄断行为,对于不以限制竞争为目的的垄断行为,执法中应适用合理性原则,就该具体行为限制竞争的效果作进一步调查。

二、纵向一体化模式下的反垄断柔性救济

纵向一体化引发的垄断表现之一就是进入壁垒效应。[②] 电子商务平台与第三方支付平台之间存在的间接网络外部性是导致第三方支付纵向一体化经营的主要因素。间接网络外部性使电子商务企业与第三方支付企业之间存在依赖性,无论是哪一方市场中企业力量扩大,都会为另外一方市场带来更大的市场势力与进入壁垒。在纵向一体化模式下,任何一方的用户增加都会强化对方

---

① See Robert. H. Bork, *The Antitrust Paradox: A Policy at War With Itself*, Free Press, Maxwell Macmillan Canada, 1993, pp. 263 – 264.

② 参见宋晶:《纵向一体化反垄断政策研究》,东北财经大学出版社 2010 年版,第 71 ~ 74 页。

的市场份额，而价格并不会下降，甚至会提高；但如果不采取一体化模式，在市场中的竞争较为激烈，产品的价格就会因其互补品的增加而降低。例如，电子商务平台上的客户增加时，在间接网络效应作用下，其第三方支付平台的用户也会增加，从而扩大了在第三方支付市场中的市场份额。反之亦然，企业在第三方支付市场份额的扩大也会导致电子商务市场上的份额增加，这种效果是相同的。两者之间相互加强的效应会使彼此的市场份额相应扩大，从而增加两个市场中的进入壁垒。[①]

对纵向一体化的反垄断政策存在不同的观点，从 20 世纪 70 年代后期开始，受芝加哥学派和交易成本理论的影响，美国反垄断政策对纵向一体化采取了宽松的政策。[②] 但是，正如威廉姆森所说："由于近期交易成本方面的学术成就，对纵向一体化的一种更为宽容的观点被证明是正确的……尽管如此，对纵向一体化可能具有的反竞争后果保持警觉仍然是重要的。"[③]因此，对第三方支付行业纵向一体化所带来的竞争问题仍应进行反垄断法的关注，但是，在具体的反垄断法规制中应保持谨慎干预和柔性救济。

第三方支付行业纵向一体化能够为市场带来经济效率，在对第三方支付行业纵向一体化所带来的竞争问题进行反垄断法规制时需保持谨慎干预和柔性治理，柔性治理方式能最大限度地避免反垄断执法机关的直接干预，提高市场效率。从反垄断法的立法目的来看，反垄断法较为柔性。惩罚实施垄断行为者和救济被侵权者并不是反垄断法的目的，反垄断法的目的是保护竞争，而不是竞争者。就第三方支付行业纵向一体化模式下的反垄断规制更突显了这一点，对反垄断法有更多的柔性需求。

第三方支付企业与电子商务企业之间存在较强的网络外部效应，但是在二者之间没有一体化的模式下，至少不会增加彼此市场中的进入壁垒，潜在进入者仍具有较强的竞争能力。如果所有电子商务企业与所有第三方支付企业之间的平台接口都是相互开放的，那么在位第三方支付企业的网络外部性就会削弱。这是由于商户和消费者对第三方支付平台的选择是取决于电子商务企业

---

① 参见曲振涛、周正、周方召：《网络外部性下的电子商务平台竞争与规制——基于双边市场理论的研究》，载《中国工业经济》2010 年第 4 期。

② 参见宋晶：《纵向一体化反垄断政策研究》，东北财经大学出版社 2010 年版，第 82 页。

③ [美]奥利弗·E. 威廉姆森：《反托拉斯经济学——兼并、契约和策略行为》，张群群、黄涛译，经济科学出版社 1999 年版，第 78 页。

对第三方支付平台的选择。因此，只要对第三方支付企业与电子商务企业采取非一体化的策略，使之形成充分的竞争，增加在位企业市场势力的可能性减少，就能降低潜在竞争者市场进入的壁垒。

基于此，采取开放性和兼容性的措施是规制第三方支付行业垄断行为的有效方法。首先，可采取开放性的救济措施。无论是上游银行对第三方支付平台的对接，还是第三方支付企业对所有下游电子商务企业的接入，都要求在市场上具有开放性。相同的支付服务要对市场中所有企业同等对待，使市场在整体上开放。不应该联合限制、区别对待，只对一部分主体开放，或者只开放一部分服务，或者在开放的一种服务中给予限制。如在价格歧视行为的执法救济中，可采取承诺制度，由第三方支付企业作出消除歧视性定价的行为。其次，要保持支付服务技术或产品的兼容性。在技术方面，第三方支付的标准化应当保留足够的兼容性可供所有支付企业接入，并将接口无条件开放。在产品方面的兼容可以增加用户的选择范围和选择的多样性。这样，就会弱化用户锁定效应带来的进一步垄断。这就需要反垄断执法部门对这些措施进行利益衡量后予以实施，并且持续监管以发现柔性救济的作用以及有效性。

第二节　完善第三方支付行业的反垄断分析方法

传统单边市场为基础的反垄断分析方法运用于第三方支付行业存在局限，因而，应建立适应第三方支付行业的反垄断分析方法。传统分析工具中仍可以直接适用的应向多边市场扩展，适用于第三方支付行业；不能直接适用，经过修改可以适用的，应当予以修改；对于传统分析工具不能适用的，可以在平台经济学理论基础上建立新的适用于第三方支付行业的反垄断法分析方法。

一、市场势力测度方法

传统反垄断法通过“勒纳指数”(Lerner index)来判断企业在产品市场内是否具有市场垄断力。“勒纳指数”衡量垄断势力的判断方法，是以企业所制定的产品价格与其边际成本之间的差额对价格的比值为标准。根据该方法，所定价格等于边际成本的企业不具有市场势力。边际成本与产品价格之间的差距越大，企业的市场势力就越强，其所导致的配置效率也就越低。“勒纳指数”是以价格与成本为基础的测度方法，但是，双边市场中两边用户的定价水平依赖于间接网络效应的强弱程度：带来的间接网络效应较强的一类用户被收取的价格通常要低于网络外部性效应较低的另一类用户；决定价格结构的另外一个方面是需求者使用平台的数量。① 这种定价机制下，需要考虑更多新的因素，"勒纳指数"中单纯的价格与成本方法适用于双边市场中企业市场势力的判断，是不准确的。

由于网络外部性的存在，第三方支付平台在商户和消费者两边市场中的价格弹性是不同的，支付平台在实施定价策略时需要考虑市场两边的依赖性并予以平衡，实施倾斜性定价机制。这通常表现在两边市场中的均衡价格与其边际成本并不一致。② 第三方支付企业对消费者市场一边采取免费定价策略，这低于向该边用户提供支付服务的成本，这种价格的制定策略恰恰是与商户对支付平台服务的需求价格弹性、交叉网络效应的强度和平台整个供给成本有关的。③对消费者和商户两边的定价不能分开来看，无论是对消费者制定低于成本的价格，还是对商户制定高于边际成本的价格，都不能据此来认定第三方支付就具有市场势力。因此，在第三方支付行业，用传统的勒纳指数方法来判定企业的市场势力，存在偏差，会导致企业市场势力及其反竞争效应被放大。④

因此，要在双边市场分析框架下，完善测度第三方支付企业市场势力的分析方法。考虑价格与成本关系时，还要考虑间接网络外部性和用户锁定效应的作用，以此来完善相关的分析方法。在考察双边市场中的价格与成本关系时，某企业对一类需求群体的高额定价并不足以认为该企业具有市场势力，如果仅仅观察一类需求者群体的话，通常只会得出一个错误的结论。起决定作用的是整体价格，即由双边用户群体支付的对价综合，以及在建设这一平台服务时给平台建造者造成的全部边际成本。⑤ 第三方支付企业对用户定价水平是支付服务的需求价格弹性、间接网络效应强度和平台整个供给成本相关的。因此，对

---

① 参见[德]乌尔里希·施瓦尔贝、丹尼尔·齐默尔：《卡特尔法与经济学》，顾一泉、刘旭译，法律出版社2014年版，第71页。

② 参见曲振涛、周正、周方召：《网络外部性下的电子商务平台竞争与规制——基于双边市场理论的研究》，载《中国工业经济》2010年第4期。

③ 参见程贵孙：《平台型产业反垄断规制的理论误区与释疑——基于双边市场理论视角》，载《商业经济与管理》2009年第3期。

④ See Armstrong M, "Competition in Two-sided Markets", *RAND Journal of Economics* 37(3), 2006, pp. 668 - 691.

⑤ 参见[德]乌尔里希·施瓦尔贝、丹尼尔·齐默尔：《卡特尔法与经济学》，顾一泉、刘旭译，法律出版社2014年版，第71页。

第三方支付企业市场势力的测度,应考虑支付平台两边之间的网络外部性,用商户和消费者两边用户的总价格加成加以衡量。① 此外,第三方支付企业市场势力的测度除了要考察商户和消费者两边市场用户之间的价格需求依赖性及变化,也要考虑第三方支付平台与商户和消费者两组用户之间的价格需求关系。

二、市场份额计算方法

传统反垄断法中市场份额的计算方法是:在某一时间,某一产品的销售金额或销售数量除以同类产品市场销售总金额或销售总数量再乘以百分之百。通过销售金额得出的市场占有率被称为市场价值占有率,通过销售数量得出的市场占有率被称为市场容量占有率。② 但在第三方支付行业经营模式下,按照传统的销售额和销售数量的方法来计算市场份额是比较困难的。

虽然第三方支付行业中存在不同的运营模式,但其盈利模式却大体相同,采取对消费者服务免费,对商户收费的策略。而对商户的收费主要包括支付手续费、服务费、增值服务费以及其他用户服务费等。③ 并且通常会采取两步收费制,商户在加入平台初始会一次性缴纳一个固定的费用,之后根据商户在支付平台上的交易量或营业收入按照一定比例收取另外的费用。如果按传统行业的销售金额来判断,第三方支付平台对因用户使用该支付产品而获得的收费才应算是销售金额。但在第三方支付市场上计算销售金额较为困难。首先,对消费者一边各平台基本都采取免费策略,不存在销售金额,因此,在免费模式下无法计算消费者一边的市场份额。其次,不同平台对商户边的定价策略也不同,收取的费用也不同,甚至存在对商户边也免费的情形。第三方支付平台对处于不同发展阶段的企业采取的收费是不一样的,对一些刚刚进入市场的企业和小型的企业采取的是免费的策略,目前不收费的企业无法计算其市场份额,也就使总的市场份额值变小,由此计算出来的市场份额就会夸大其市场势力。因此,以销售金额为基础的市场价值占有率标准并不适用于第三方支付行业。

---

① 参见曲振涛、周正、周方召:《网络外部性下的电子商务平台竞争与规制——基于双边市场理论的研究》,载《中国工业经济》2010 年第 4 期。

② 参见胡丽:《互联网企业市场支配地位认定的理论反思与制度重构》,载《现代法学》2013 年第 3 期。

③ 参见林丹、张睦晗:《简析第三方支付企业的商业模式、营销模式、运行模式的解析》,载《商业文化》2011 年第 4 期。

市场容量占有率是指某一产品的销售数量除以同类产品市场销售数量再乘以百分之百。测度市场容量占有率,需要计算产品销售数量和相关商品市场销售数量。[①] 在第三方支付市场中,支付产品的销售数量是以支付服务账户的注册用户人数表现出来的。然而,许多用户注册之后并不一定会使用该支付服务,支付服务的注册用户的数量与实际使用用户数量之间是存在差异的。特别是在提供免费支付服务的消费者一边,由于服务是免费的,因此许多消费者会选择多个支付平台的注册,但是实际使用的支付平台只有一个。这种情况普遍存在于第三方支付市场,使注册用户数量与实际使用用户数量不同,造成实际使用用户的人数难于统计。比如,一个用户同时注册了支付宝、财付通,但是由于消费习惯却经常使用支付宝并不使用财付通,此时的注册人数并不反映真正的市场份额。因此,如果以第三方支付服务平台的注册人数为标准计算市场容量占有率,将与企业在市场中实际的市场占有率有较大差异,失去准确性。

在第三方支付行业中市场份额的计算,既不是平台的销售额,也不是销售数量,而应该是以支付服务实际完成的资金交易量计算,即所谓的交易规模(交易额或交易量)。第三方支付服务是为有支付需求的双方之间完成资金转移和结算的,以所完成的资金交易规模为标准,比较准确地体现了平台企业在市场中所占的市场份额。交易规模标准只需要计算两个数据,一个是计算第三方支付平台企业的交易规模,另一个是计算整个第三方支付市场中发生的交易规模,从而可以合理地计算出第三方支付企业的市场份额。

三、假定垄断者测试方法

目前,在反垄断案件的处理中都比较倾向于使用假定垄断者测试(SSNIP)方法来界定相关产品市场。[②] SSNIP 测试方法仍然以价格理论为逻辑起点,[③]采取了十分严谨的量化分析。它对产品功能界定法进行改进,以在一定时间内的小幅提价来考察目标商品的替代程度,从而确定相关产品的市场范围。目前学界已有不少学者提出 SSNIP 测试方法在双边市场中存在缺陷。双边市场中平

---

① 参见胡丽:《互联网企业市场支配地位认定的理论反思与制度重构》,载《现代法学》2013年第3期。

② 参见侯利阳、李剑:《免费模式下的互联网产业相关产品市场界定》,载《现代法学》2014年第6期。

③ 参见王晓晔:《反垄断法中的相关市场界定》,社会科学文献出版社2014年版,第239页。

台企业的收益是由平台两边市场中不同的两类用户数量共同决定的,这种相互之间的依赖性会使使用 SSNIP 测试方法小幅度提价时,对市场一边造成的影响非常小。[①] 因此,通过 SSNIP 测试方法很难准确界定相关市场。应该适当调整 SSNIP 测试方法,否则无法适用于双边市场的相关市场界定。第三方支付市场作为典型的双边市场,SSNIP 测试方法同样无法直接适用。这就要寻求新的适合第三方支付相关市场界定的方法。

许多学者指出,在双边市场中界定相关产品市场时,两边市场不应当被孤立,而应当被视为一个整体来考察。[②] 宋珉哉(Song,2011 年)发现,如果反垄断调查的主体是多边平台,在评估任何一边提高价格的可能性时,至少需要去调查正反馈效应的强度。将假定垄断这测试应用于双边市场时,需要注意的是总价格和定价结构。当提高价格时存在以下几种可能性:不改变定价结构的总价格上涨,或者通过相应调整另一侧市场价格或使之保持不变的情况下对总价格进行优化上调(费里斯鲁奇,Filistrucchi,2008 年)。还有学者建议,交易可观察的双边市场和交易不可观察的双边市场这两种情况应该被区别对待。其中,传统的信用卡支付系统属于交易可观察的双边市场,[③]而第三方支付系统也可归入此类市场。

运用 SSNIP 测试方法界定第三方支付相关市场,需要考虑网络外部性的影响,[④]要考虑第三方支付平台两边市场之间所产生的正反馈效应。在提升总价格的同时调整两边的定价从而使定价结构得以优化的做法是十分可取的。虽然两个类别的需求方之间的相互影响可能会使某一边市场的替代行为足够显著,让价格无利可图,但是也有可能出现的情况是,只有当两类需求者群体转向替代品的行为均被考虑到之后,某个价格上涨才可被证明是无利可图的。在分析消费者一边价格增加的可能性时,应考虑对商户边利润的影响。即要考虑提价后消费者数量的减少将导致商户数量的减少,并且如果商户数量减少,那么支付平台在商户边的利润也会减少;同时,消费者数量的减少使支付系统对商

---

① 参见蒋岩波:《互联网产业中相关市场界定的司法困境与出路——基于双边市场条件》,载《法学家》2012 年第 6 期。

② 参见杨文明:《网络经济中相关市场的界定》,载《西南政法大学学报》2012 年第 4 期。

③ 参见[德]乌尔里希·施瓦尔贝、丹尼尔·齐默尔:《卡特尔法与经济学》,顾一泉、刘旭译,法律出版社 2014 年版,第 122 页。

④ 参见余东华:《反垄断法实施中相关市场界定的 SSNIP 方法研究——局限性及其改进》,载《经济评论》2010 年第 2 期。

户的吸引力减少，因此会导致商户对支付平台的需求减少，进而也会导致消费者需求的减少。这些因素都应该被充分考虑。

值得注意的是，对网络效应的测度十分困难，目前在经济学中现有的相关模型仍然不成熟。无论是埃文斯和诺尔（Evans & Noel，2005 年，2007 年，2008 年）改进的临界损失分析公式，还是费里斯鲁奇（Filistrucchi，2008 年）进一步改进的公式，是否符合实际情况仍有待进一步检验。① 此外，许多学者也提出双边市场中运用 SSNIP 测试的唯一合理选择是总价格。② 但是，将两边市场的价格进行简单机械的相加，并不能反映网络外部性在两组消费者之间产生的需求依赖关系，并没有同时考虑两类需求者群体转向替代品的行为。就目前来看，对 SSNIP 方法的价格计算模式，利用总价格来计算，仍然难以体现其中的网络效应。因此，在没有成熟的网络效应测度模型之前，前文从需求替代性中产品用途的角度进行分析可以作为一种改进的方法。即运用 SSNIP 测度标准的原理，以产品用途的变化取代价格的波动来测试需求弹性，界定相关市场。

第三节　进一步开放银行卡支付清算市场的反垄断法应对

2014 年 10 月 29 日，国务院常务会议决定，进一步放开和规范银行卡清算市场，提高金融对内对外开放水平。③ 2015 年 4 月，国务院发布《关于实施银行卡清算机构准入管理的决定》，正式放开银行卡清算准入，并于 2015 年 6 月 1 日起施行。④ 我国支付清算市场长期以来由政策形成了垄断的市场结构，虽然在世界贸易组织（World Trade Organization，WTO）中国银联与维萨（Visa）争端案后，从制度上已经开放了电子支付清算市场，特别是网联清算平台建立后，第三方支付清算市场中有中国银联和网联平台两家支付清算机构，但是相比一个

---

① 参见王晓晔：《反垄断法中的相关市场界定》，社会科学文献出版社 2014 年版，第 109 页。

② 埃姆什（Emch）和汤普森（Thompson）两位教授于 2005 年在其文章中指出，将 SSNIP 测试单独运用于市场两边单独收取的净价格或交换费，都是不合理的，运用 SSNIP 测试的唯一合理选择是总价格。罗歇（Rochet）和梯若尔（Tirole）教授也认为，反垄断机构对交易平台市场力量的衡量必须用双边市场的总价格加成予以考察，不能只考虑一边用户的价格加成，而不考虑另一边和双边之间的网络外部性。

③ 参见蔡恩泽：《开放银行卡清算市场有深意》，载《金融经济》2014 年第 12 期。

④ 参见胡冰心：《清算变局，支付宝们的机遇和宿命》，载《金卡工程》2015 年第 5 期。

竞争性市场结构还需要进一步实施反垄断规制，完善相关的反垄断制度，消除第三方支付清算市场中的进入壁垒。

一、电子支付清算市场中竞争机制的引入

WTO的使命是逐步减少、消除贸易壁垒和贸易歧视，推进贸易的自由化，其一系列原则和措施背后的"精髓"是非歧视、平等对待、公平竞争。WTO的目标和基本原则与竞争政策和竞争法保护和促进自由公平竞争的直接目标及其所体现的实质公平和社会整体效率的基本价值目标都有着基本的一致性。① 但是，反垄断政策与贸易政策之间也存在一定的冲突。从贸易政策角度看，虽然一些限制竞争行为增进了市场效率及消费者福利，但是也有可能招致谴责。②

中国银联是我国唯一的银行卡清算组织，在支付清算市场上处于垄断地位。从贸易规则角度来看，银联存在限制竞争的行为。2010年，银联拒绝发行双标卡，而Visa也发文封堵银联海外清算通道。由此引发了2010年中国银联与美国Visa的贸易争端案件。这一争端最终由WTO作出裁决，虽然驳回了美国有关银联垄断的指控，但支持了要求中国开放电子支付服务市场的主张，认定电子支付服务属于中方在加入WTO时所承诺开放的领域。在此背景下，我国政府采取了一系列开放银行卡支付市场的举措，目前已放开银行卡清算市场，允许符合条件的内外资企业在中国境内申请设立银行卡清算机构。

我国银行卡支付清算市场对外开放以后，其他外资银行卡支付组织随时都有可能进入，从而面临来自Visa和万事达(Master)等国际卡组织的竞争。Visa和Master卡占据了全球7成以上的市场份额，掌握着全球银行卡相关业务、技术标准和清算系统的主导权，③而我国电子支付清算市场长期以来由政策形成了的垄断市场结构，如果不能提前形成一个开放和有序竞争的清算市场，当这些外资银行卡组织进入后，激烈的竞争必定会给我国支付清算市场带来巨大冲击。更为严重的，也有可能会影响到支付产业的安全发展。

随着电子支付服务行业的发展，电子支付清算市场中的垄断，已经阻碍了第三方支付的发展。收单市场的违法事件频发，与电子支付清算市场的垄断不

① 参见祁欢：《公共服务业反垄断豁免法律制度研究》，知识产权出版社2013年版，第229页。

② 参见[英]马赫·M.达芭：《反垄断政策国际化研究》，肖兴志、丁宁等译，东北财经大学出版社2008年版，第178页。

③ 参见杜娟：《中国银行卡清算市场走向开放》，载《中国信用卡》2014年第12期。

无联系。如果说银行卡产业发展之初,新的支付系统开始运行时存在障碍,需要一个银行卡组织协调和运营,那么,目前我国银行卡的使用和需求已经很普遍或支付系统已经非常成熟,打破电子支付清算市场上的垄断地位,在电子支付服务市场中引入竞争机制,成为当务之急。

二、打破第三方支付清算的垄断市场结构

网联清算公司的成立,标志着在中国银联之外成立了以第三方支付机构网络支付业务为中心的支付清算机构,打破了原有电子支付市场中银联独家垄断的市场格局。事实上,在网联公司建立之前,市场就已经形成了第三方支付清算机构的现实条件。一些第三方支付机构已绕过银联清算系统与银行进行直连,事实上已经成为重要的转接清算组织。也就是说,第三方支付企业在网络支付银行卡收单方面大多与银行直接发生联系,可以绕开银联,不但理论上已经具备自行与银行进行清算的条件,[①]而且实践中也存在支付清算转接的经验。因此,借第三方支付行业发展的契机,引入网联作为新的竞争者,为打破电子支付清算垄断市场迈出了重要的一步。

然而,网联清算公司成立以后,线上业务要求统一接入网联,在线上业务仍然存在垄断。2017 年 8 月,中国人民银行发布《关于将非银行支付机构网络支付业务由直连模式迁移至网联平台处理的通知》(银支付〔2017〕209 号文),规定自 2018 年 6 月 30 日起,支付机构受理的涉及银行账户的网络支付业务全部通过网联平台处理。2018 年 3 月 20 日,网联清算有限公司发出了《关于非银行支付机构网络支付清算平台渠道接入工作相关事宜的函》(网联函〔2018〕42 号),要求第三方支付机构尽快接入网联渠道,明确 6 月 30 日前所有第三方支付机构与银行的直连都将被切断。到 2019 年年初,持网络支付牌照的全部 115 家支付机构以及 424 家银行已接入网联平台,99% 的市场存量跨机构业务完成了向网联平台的业务迁移。网联清算公司要求第三方支付机构统一接入,将来可能存在统一交换费价格、增加商业银行和第三方支付机构的交易成本,并且将增加的成本转嫁给商户和消费者,最终损害消费者福利等竞争问题。

因此,虽然目前支付清算市场形成了两家支付清算机构,即中国银联和网联公司,但是这样的支付清算市场格局,仍然是两家企业垄断的市场结构。这

---

① 参见蔡恩泽:《开放银行卡清算市场有深意》,载《金融经济》2014 年第 12 期。

一垄断结构状态是由于我国支付清算市场政策所形成的,要打破支付清算市场中的垄断市场结构,建立竞争性市场结构,就需要破解政策与制度上形成的障碍,在政策上积极引入多元化的市场主体,形成多家支付清算机构并存的竞争格局,从而避免市场中垄断行为的实施。

三、消除第三方支付清算市场准入壁垒的反垄断制度考量

我国虽已从政策上开放了支付清算市场,并成立了非银行支付机构网络清算平台,在理论上中国银联已经不再是唯一的清算组织,但事实上长期以来在市场中的垄断地位形成的市场优势地位仍然存在。中国银联拥有庞大的存量卡基础,短期内其仍具有优势地位。如国务院于 2015 年发布《关于实施银行卡清算机构准入管理的决定》,从银行卡清算品牌等方面提出要求,再次明确"谁的品牌谁转接"原则。根据该规定,除非获得授权,第三方支付直连行为被禁止。银行卡清算机构不得为发卡机构和收单机构提供非其品牌银行卡的机构间交易处理服务。[①] 而事实上,目前市场上发行的银行卡标识都是属于银联品牌,还不存在非银联品牌的银行卡。本质上来说,第三方支付仍无法绕开银联。因此,这样的一些法律条款会在当前一段时间里仍会造成市场壁垒,阻碍第三支付企业进入电子支付清算市场。

目前,第三支付清算市场中反垄断法律制度的完善,应当集中于消除新进入支付企业和新支付方式的进入壁垒。在电子支付清算市场准入制度上,应消除第三方支付机构的进入壁垒,允许一定数量的第三方支付机构申请清算组织牌照,增设第三支付清算机构。在立法时需要考虑银联长期垄断地位已经带来的一些市场反竞争效应,国家在制定相关行业制度时,应避免这些制度和措施造成一些支付产品和支付方式的实质性进入壁垒,从而制定符合现阶段第三方支付行业发展需要的制度。同时,在目前只有中国银联和网联清算公司两家清算机构的垄断市场格局下,应加强对两家清算机构所制定的一些行业规则的反垄断制度审查,防止其市场支配地位的滥用,避免其实施反竞争行为。

第四节 第三方支付行业的公平竞争审查

自进入 21 世纪以来,金融业的市场化日益加深,该领域的产业监管和反垄

---

① 参见胡冰心:《清算变局,支付宝们的机遇和宿命》,载《金卡工程》2015 年第 5 期。

断监管的关系比较复杂，金融业监管机关与反垄断执法机关在处理产业发展与反垄断之间关系上既存在冲突，也存在协调性。[①] 第三方支付行业监管基于金融安全理念设置市场准入及其他管制政策，而竞争规制则强调竞争秩序而保护市场竞争，两者之间存在不可避免的冲突。因此，还存在行业监管与反垄断规制相协调的问题。就互联网金融风险规制，有学者提出了“促进竞争”范式，即应契合与金融市场内生的交易型态，通过提高市场透明度和降低准入壁垒，来促进竞争。[②] 促进竞争范式的理念恰恰强调了对金融风险的规制应当以竞争为主导，由竞争法来保护，实现竞争法的普遍适用，并在制度上形成对金融监管的公平竞争审查。

一、产业政策与竞争政策的冲突与协调

在法理学上，广义的法包括政策。反垄断法是法，也是政策，且反垄断法具有鲜明的政策特质。[③] 反垄断法与行业监管法的关系实质上是竞争政策与产业政策之间的关系。产业政策和竞争政策作为国家的经济政策都是国家为了弥补市场缺陷，优化资源配置，提高产业竞争力，增加社会整体经济效益的方式，反映了国家从不同角度对经济运行进行的调节和控制。二者都是以国家干预为逻辑起点，实现社会福利水平的提高和本国经济的发展。它们在政策目标，作用领域及作用机理等方面既有交叉和重合，又有差异和冲突，表现出很强的可协调性。

在市场经济的规制体系中，各行业为确保行业法的实施，行业监管机构会采取一些限制竞争的手段。因此与反垄断法之间会产生一定的冲突。[④] 这种冲突在垄断性行业中表现得尤为明显。第三方支付行业作为互联网金融市场的重要组成部分，行业的管制措施更为严格。金融行业以金融管制和金融监管为内容，金融市场的安全性使行业内以金融管制和金融监管为内容的国家干预力度较大，机构、行为、产品等多种监管向度的纵横交错形成了密集的市场规制系统。第三方支付行业的金融管制与反垄断规制必然产生冲突。目前在竞争政策倡导的政策环境下，反垄断法的适用在宏观理论上并无障碍，但是在具体的

---

① 参见王斐民：《反垄断法视野中的中国产业政策》，法律出版社 2013 年版，第 240 页。
② 参见杨东：《互联网金融风险规制路径》，载《中国法学》2015 年第 3 期。
③ 参见刘继峰：《反垄断法》，中国政法大学出版社 2012 年版，第 52 页。
④ 参见王仁富：《中国竞争法律体系及其协调性研究》，中国检察出版社 2012 年版，第 124 页。

执法实践中还需要不断努力。①

虽然竞争政策与产业政策之间存在冲突，但两者之间依然存在高度契合性，有着深刻的理论和实践上的协调基础。就理论上而言，产业政策与竞争政策最终目标的一致性使两者之间的互动与协调具有坚实的基础，而服务于社会整体利益便是两者都要追求的共同价值，是两者之间最大的目标契合点。实践中，市场机制的缺陷和产业规制的不足也要求对两者进行一定的协调。② 要解决竞争政策与产业政策之间的这种冲突，需要从两个方面展开：

首先，要确立竞争政策在经济政策中的基础性和主导性地位。

党的十九届四中全会指出，要强化竞争政策基础地位，加强和改进反垄断执法。要解决竞争政策与产业政策之间的这种冲突，首先就要确定二者之间的优先性问题。在目前市场经济不断完善的过程中，由于两者处于基础和补充的不同地位，竞争政策应当处于核心地位，被优先考虑，产业政策应在坚持竞争政策基础性作用的前提下得以实施。③

在市场经济中，市场始终是资源配置的基础方式，政府过多的干预只能扭曲市场的价格信号，损害市场的运行效率，破坏市场竞争机制。因此，就一国经济政策体系而言，应当确立竞争政策的基础性地位，为企业的发展创造自由公平竞争的良好外部环境。竞争政策调整的是整个市场，涉及所有产业。竞争政策的出现就是为了弥补市场竞争本身的不足，通过制定法律制度的方式来保证竞争机制的正常运行，让市场实现资源配置效率和整个社会福利的最大化。从平等原则与保障竞争自由、促使资源有效利用的政策角度来看，也应该尽可能地减少阻挠市场开放、干扰价格机制的除外领域。竞争政策反映的是市场机制本身的内在需要，通过国家干预之手，以法律形式对垄断或限制竞争的行为进行规制和调整，无疑是以保护市场机制为基石，因此竞争政策相对于其他经济政策而言应是基础性和主导性的政策。

在充分发展的市场经济结构中，竞争政策处于核心地位，是基础性和主导性的，包括产业政策在内的其他经济政策都只有在坚持竞争政策的基础作用的前提下才能实施。《欧共体条约》第 3 条提出，在共同体市场建立一个保护竞争

---

① 参见刘乃梁：《银行业反垄断规制的冲突及其协调》，载《法商研究》2019 年第 1 期。

② 参见石达：《公平竞争审查视角下产业政策与竞争政策的协调机制研究》，载《市场周刊》2019 年第 8 期。

③ 参见黄勇：《中国反垄断法：一部注重整体协调的法律》，载《中国发展观察》2006 年第 6 期。

不受歪曲的制度,这一任务比其他任务和措施优先适用。在欧共体其他政策与欧共体竞争政策发生冲突时,优先适用竞争政策。①

其次,要建立对产业政策及其实施进行公平竞争审查的制度。

除了上述应确立竞争政策的基础性地位,还应该有相应的具体制度对竞争政策与产业政策的冲突进行协调。竞争政策与产业政策进行协调的制度性机制就是对产业政策进行公平竞争审查。公平竞争审查制度是在政府制定相关政策目标之时,要将其对市场竞争的影响作为重要的评估考量因素,确保政府行为符合公平竞争的要求,在确保市场公平竞争秩序的前提之下,实现政策目标的各项制度安排。② 通过公平竞争审查,将竞争政策的精神内化成产业政策的审核标准,从而使产业政策符合竞争政策的精神。

2016 年 6 月 14 日,国务院印发《关于在市场体系建设中建立公平竞争审查制度的意见》,明确了建立公平竞争审查制度的总体要求和基本原则,要求建立公平竞争审查制度,防止出台新的排除限制竞争的政策措施,并逐步清理废除已有的妨碍公平竞争的规定和做法,全面部署开展公平竞争审查工作。2017 年 10 月 23 日,国家发改委、财政部、商务部、工商总局、国务院法制办联合印发《公平竞争审查制度实施细则(暂行)》,从审查机制和程序、审查标准、例外规定、社会监督、责任追究等方面对公平竞争审查制度进行了规范。公平竞争审查制度在我国的适时构建和实施,可以有效形成对即将出台或已经实施的产业政策进行竞争评估,致力于将产业政策措施对市场竞争的损害降到最低,进而成为现阶段我国产业政策制度改革的重要举措之一。③

根据国务院《关于在市场体系建设中建立公平竞争审查制度的意见》规定,立法目的是"为规范政府有关行为,防止出台排除、限制竞争的政策措施,逐步清理废除妨碍全国统一市场和公平竞争的规定和做法",其审查对象的是"行政机关和法律、法规授权的具有管理公共事务职能的组织",④由此可见,公平竞争

---

① 参见王俊豪:《反垄断与政府管制:理论与政策》,经济管理出版社 2009 年版,第 9 页。

② 参见石达:《公平竞争审查视角下产业政策与竞争政策的协调机制研究》,载《市场周刊》2019 年第 8 期。

③ 参见孟雁北:《产业政策公平竞争审查论》,载《法学家》2018 年第 2 期。

④ 国务院《关于在市场体系建设中建立公平竞争审查制度的意见》的规定:行政机关和法律、法规授权的具有管理公共事务职能的组织制定市场准入、产业发展、招商引资、招标投标、政府采购、经营行为规范、资质标准等涉及市场主体经济活动的规章、规范性文件和其他政策措施,应当进行公平竞争审查。

审查制度本质上是协调产业政策和竞争政策的一项制度，是对政府制定的产业政策进行自我审查，可以确保产业政策在制定和实施过程中都能贯穿公平竞争的理念和要求，体现出竞争政策的基础性地位。①

二、第三方支付行业竞争政策的普遍适用

产业政策与竞争政策的协调首先就应确立竞争政策的基础性地位，在第三方支付行业发展中，同样要将竞争政策作为行业内普遍适用的基础性政策。

第三方支付涉及了金融、互联网、电子商务，其法律规制涉及金融行业监管，但是在市场竞争中又存在竞争法的规制。但是二者的规制存在不同的路径方式，产生的效果也有所不同。在我国金融严格监管的背景下，第三方支付行业纳入金融监管后会对行业的创新发展带来抑制作用。相反，竞争法是市场经济中普遍适用的法律规则，对行业的创新和发展起到保护和促进作用。

第三方支付行业在短短的时间内迅速发展，甚至超过了互联网发展最为迅速的美国，一个主要的原因就是在过去几年里政府对第三方支付的管制较少。在第三方支付发展初期，并没有相关机构监督，其得以迅速发展是由于"监管缺失"。到2010年中国人民银行颁布《非金融机构支付服务管理办法》，第三方支付企业遂被纳入正式的金融监管制度，且渐趋渐严。2011年开始发放第三方支付牌照，设置了较高的准入门槛。② 支付牌照发放制度的施行以及较高的市场准入条件，意味着对第三方支付的行业实施了较为严格的行业监管制度。一方面，严格的金融监管产生了金融抑制作用；另一方面，所采取的监管措施本身也会带来一些竞争问题。从第三方支付行业的市场竞争来看，较高的市场准入条件阻碍了第三方支付市场潜在竞争者的进入，加剧了垄断市场结构的形成，同时，支付牌照的控制也使市场中企业并购趋势加强，第三方支付行业内部的市场集中化趋势十分明显。许多潜在进入者申请牌照进入市场的难度较大，于是转而通过并购拥有牌照的在位第三方支付企业来进入市场，由此使行业集中度进一步加强。在市场集中度较强的市场中，企业更容易实施垄断行为，产生限制竞争的效果。

金融规制的衡量标准更多的是审慎监管而非市场竞争，第三方支付行业进

① 参见史际春、罗伟恒：《论"竞争中立"》，载《经贸法律评论》2019年第3期。

② 参见蒋先玲、徐晓兰：《第三方支付态势与监管：自互联网金融观察》，载《改革》2014年第6期。

行金融监管不但解决不了行业发展中的竞争问题，还在一定程度上限制市场的竞争，抑制行业的创新和发展。相反，各国在反垄断法和政策领域中的经验表明，反垄断法的执行是强化竞争、消除进入障碍、提高经济效率和保护消费者福利的有效手段。①“竞争成就创新”的逻辑推理是“竞争—创新意识—创新”，对于自主创新意识的形成，特别容易受到政府干预市场的手段选择影响。在对第三方支付市场进行规制时也主要应采取竞争规制，在行业监管的领域也普遍实施竞争政策的适用，从而推动第三方支付行业的创新发展。如在《银行卡收单业务管理办法》中的规定，②虽没有禁止第三方支付机构（收单机构）直联银行，但仍要遵守相关协议。这一规定是出于对行业的监管，但是其中如果涉及利用垄断协议来限制市场新进企业的竞争，就应该受到反垄断法的规制。

总之，第三方支付行业的发展要求更多地注重市场的开放和竞争，虽然基于行业的安全性角度可以实施一定的产业政策，进行行业监管，但是在对其进行行业监管时要秉承竞争政策的优先考虑和普遍适用。

三、第三方支付行业监管的公平竞争审查

如果政府计划采用某项产业政策对特定的市场进行干预，则该产业政策应当接受最低限度的竞争评估，只有在没有实质性限制、排斥市场竞争或者能够明显提高经济运行效率、维护消费者利益和社会公共利益的情况下才可以实施或者继续实施。③ 违背竞争机制的政策对竞争秩序的破坏最为严重，④只有在行业监管部门监管过程中充分吸收竞争理念和竞争思路，对第三方支付行业监管政策进行竞争法审查，才能使反垄断法和行业监管法协调一致，共同推进第三方支付行业的发展。

基于前述有关第三方支付行业的创新发展及公平竞争需求，在第三方支付行业的金融监管中，尤其应推进公平竞争审查。在金融监管部门制定相关第三方支付行业的监管措施并实施时，应严格按照法定审查机制和程序，对金融监管部门所制定和实施的政策与法律进行公平竞争审查。国务院《关于在市场体

---

① 参见［英］马赫·M. 达芭：《反垄断政策国际化研究》，肖兴志、丁宁等译，东北财经大学出版社2008年版，第53页。

② 2013年中国人民银行公布《银行卡收单业务管理办法》中规定，“收单机构将交易信息直接发送发卡银行的，应当在发卡银行遵守与相关银行卡清算机构的协议约定下，与其签订合作协议。”

③ 参见王仁富：《中国竞争法律体系及其协调性研究》，中国检察出版社2012年版，第128页。

④ 参见徐士英：《竞争政策研究——国际比较与中国选择》，法律出版社2013年版，第229页。

系建设中建立公平竞争审查制度的意见》等,可作为在第三方支付行业监管中进行公平竞争审查的制度依据,这是解决第三方支付行业内金融抑制妨碍市场竞争并协调金融监管和竞争审查之间冲突的有效方式。

在对第三方支付行业监管措施的具体审查方式中,事前审查方式最为有效,应在具体的监管制度和政策措施制定时首先进行竞争性评估。事前公平竞争审查可以在监管部门对第三方支付行业采取管制措施时防止不当干预,避免给市场竞争带来损害性后果。在审查主体方面,目前主要是由监管部门内部起草制度与政策的相关部门来实施,同时,可增加对竞争管理机构的相应法律授权,在行业监管部门的自我审查之外,由竞争管理机构对行业监管部门的公平竞争审查权进行监督并对违反法律规定的行为进行惩处,以监督行业主管部门内部纠错机制的失范行为,增加公平竞争审查制度的实效性。

在对第三方支付行业监管措施的具体审查过程中,确定受到制度影响的市场现状是竞争审查的起点。要对受到管制直接影响的结构、行为要素并进行评价。此外,也要分析各要素之间的相互影响。例如,市场准入的审批属于市场结构要素中的进入障碍,它通过对市场结构的影响进而影响企业的竞争行为。实践中,如果第三方支付企业在市场中形成市场力量,就存在实施反竞争行为的可能。而企业行为的变化又反作用于市场结构。一旦在位大企业将其他小企业驱逐出市场,在存在市场进入壁垒的情况下,在位大企业就可能持续垄断整个市场。总之,支付市场准入导致的市场集中程度越高,由此导致的竞争被削弱程度越大。在厘清结构、行为、制度要素的相互影响后,要进一步评估可能带来的市场绩效的变化。

此外,在第三方支付行业中出现具体的限制竞争案件时,竞争执法中也可以评估第三方支付行业金融监管政策的实施在该案件中带来的市场竞争影响。[①] 反垄断法规制立基于反垄断经济学基础之上,在竞争执法中对竞争性评估影响有较为专业的工具选择与制度依赖,在具体的竞争执法中加强对金融监管政策措施的竞争性影响评估,可增加金融监管政策制定及实施的科学性。[②] 基于跨越法定权力分工的法治总体状况的宏观考察,竞争性评估后果应当是非强制性和非指向性的,即便目前竞争管理机构的评估性结论不能直接要求行业

---

① 参见张占江:《中国法律竞争评估制度的建构》,载《法学》2015 年第 4 期。

② 参见刘乃梁:《银行业反垄断规制的冲突及其协调》,载《法商研究》2019 年第 1 期。

主管部门的特定反馈，但能为第三方支付行业金融监管决策提供有效的参考。[①]虽然目前国务院《关于在市场体系建设中建立公平竞争审查制度的意见》中仅规定了"政策制定机关在政策制定过程中，要严格对照审查标准进行自我审查"，但是，根据"着眼长远，做好整体规划，在实践中分阶段、分步骤地推进和完善"的工作部署，从长远角度来看，也可以构建在竞争执法中对政策措施实施中的竞争影响评估结论对行业监管部门的约束机制。

四、小结

第三方支付行业的反垄断规制首先应秉承审慎态度，以谦抑性规制为理念，在技术创新与反垄断认定中找到平衡。贯穿谦抑规制的理念，应扩大合理性原则在第三方支付行业反垄断中的适用范围。纵向一体化模式下第三方支付企业与电子商务企业之间的捆绑与封闭会产生反竞争效果，对由此形成的垄断行为应采取柔性救济的措施。开放性与兼容性的措施是规制第三方支付行业垄断行为的有效方法。在运用具体的反垄断分析方法和工具处理第三方支付行业中的竞争问题时，切忌简单套用传统单边市场的理论和方法。在第三方支付行业中仅以传统价格成本理论为基础的测度标准难以进行反垄断分析，[②]应当将平台型经济理论延伸和扩展，以改进现有的市场势力测度方法、市场份额计算方法、假定垄断者测试方法等反垄断分析方法。对市场势力的测度，要考察商户和消费者两边市场用户之间的价格需求关系及变化，用商户和消费者两边用户的总价格加成予以衡量，同时，也要考虑支付平台与商户和消费者两组用户之间的价格需求关系。对市场份额的计算标准，既不是平台的销售额，也不是销售数量，而应该是以支付服务实际完成的资金交易量，即所谓的交易规模来计算。面临银联与Visa争端案后银行卡支付服务市场开放的要求，我国支付清算市场开放进程中需要打破中国银联的实质垄断地位，在法律制度的配套改革上应集中于消除新进入支付企业和新支付方式的进入壁垒，并建立以第三方支付为中心的支付清算机构。在第三方支付行业监管和反垄断规制的关系上，应实现竞争政策在第三方支付行业管制中的普遍适用，并在制度上形成对金融监管的竞争审查。

---

① 参见钱弘道、杜维超：《法治评估模式辨异》，载《法学研究》2012年第6期。

② 参见余东华：《反垄断法实施中相关市场界定的SSNIP方法研究局限性其及改进》，载《经济评论》2010年第2期。

结　论

本书就当前中国新兴的第三方支付产业发展中存在的反垄断法问题,进行了一定程度的研究。着眼于反垄断法的视野,透视了第三方支付行业创新发展中出现的竞争问题,以问题主义为导向,提出了对第三方支付行业的反垄断法规制。然而,第三方支付不同于传统产业,是以平台经济为行业基础,形成了垄断性竞争市场结构。在对其进行反垄断法规制时,以单边市场为基础的传统反垄断法理论难以适用,应当以平台经济学为基础来构建第三方支付行业反垄断法规制的理论支撑。在此理论基石上,全书分析了第三方支付行业中出现的滥用市场支配地位、垄断协议和经营者集中等排除和限制竞争的行为,并最终提出了第三方支付行业反垄断规制的建议。经过本书的认真分析和研究,形成了一些初步的结论。

第一,在第三方支付行业反垄断分析中要重视平台经济学理论的应用,以平台经济学的基本理论来构建第三方支付行业反垄断的理论分析框架。在经营者集中、滥用市场支配地位、垄断协议中,都需要运用平台经济学的理论作为基础。双边市场理论和网络外部性理论在分析第三方支付行业竞争问题中具有重要影响。突出的表现是,双边市场和网络外部性对第三方支付平台采取的涨价策略会有影响。在第三方支付市场中,虽然企业市场势力的运用会受到双边用户需求依赖性的限制，但是当企业获得市场支配地位后仍然可以像传统行业那样来提高价格水平，只是涨价的策略和方法不同于传统企业。第三方支付企业的涨价策略决定着商户和消费者在提价之后是否仍然保留在平台上。有效的涨价策略是保持一边市场价格不变而提高另一边市场价格。同时，第三方支付企业选择的涨价方法也十分重要，它决定着第三方支付是否能够成功补偿低价期间的损失并获取垄断利润。有效的涨价方法是只提高交易费而不增加注册费。第三方支付企业可以通过这样策略和方法来达到其提高价格获取垄断利润的目的。

第二，在行业发展的强大经济力量推动下，第三方支付的反垄断规制朝着回应型法的方向发展。第三方支付行业现实中的问题需要理论发展来予以回答，其中存在的竞争问题需要反垄断法的理论回应。目前突出的问题是传统反垄断法理论在应用于第三方支付行业时产生了理论上的不适应性。因此，反垄断法的回应方向是对传统单边市场下反垄断法理论进行完善，对单边市场下反垄断分析工具和方法进行改进。传统分析工具中仍可以直接适用的应扩展适用；不能直接适用，经过修改可以适用的，应当予以修改；对于传统分析工具不能适用的，可以在平台经济学理论基础上建立新的适用于第三方支付行业的反垄断法分析方法。其中，传统的价格与成本分析方法已经不能适应第三方支付行业，对以此为基础的市场势力测度方法、市场份额计算方法、假定垄断者测试方法等分析方法需进行完善。同时，在运用一些传统理论分析时经常需要考虑行业特征所带来的新因素后的才能继续适用。在竞争约束的分析中，需要考察正反馈效应；在企业市场力量的分析中，需要考虑动态竞争的因素；在合并效果分析中，需要考察网络外部性效应等。

第三，对第三方支付行业反垄断分析中的一些前提性问题应首先给出明确的结论，这主要包括市场结构分析、相关市场的界定和市场支配地位的认定。第三方支付市场的间接网络外部性决定了其最终的竞争状态会表现为垄断的市场结构。但是，第三方支付市场中的多归属性使其仍然面临着相对较小数量的竞争者。由此，形成了寡头与竞争共同存在的竞争性垄断市场结构。在相关产品市场的具体界定上，供给替代性分析与假设垄断者测试均具有不确定性。由于第三方支付市场具有需求规模的效应，采取需求替代分析最具可行性。应该从产品用途的角度分析，先依据基础交易的场景划分为传统物理交易场景与电子商务虚拟交易场景，再进行相关产品市场的界定。认定第三方支付企业市场支配地位时，应对综合性标准进行内部调整，在运用传统结构标准的同时，重视非结构标准以及其他相关因素。除了市场份额之外，还应该考虑网络外部效应、行业管制等市场进入壁垒因素。间接网络效应和市场准入也能限制第三方支付市场的进入壁垒。同时,也应考虑来自纵向一体化中电子商务市场上优势地位的传导。

第四,第三方支付行业反垄断法规制要考虑行业创新发展的特点和要求,执法实践中要重视效率因素,秉持谨慎规制的态度,对合理化原则扩大适用范围,并对纵向一体化模式下的垄断行为采取柔性救济的方法。第三方支付行业纵向一体化下的反垄断是需要重视的一个问题。我国第三方支付采取纵向一体化的模式,许多反垄断问题是发生在纵向一体化下的,特别是第三方支付行业的捆绑、价格歧视等滥用行为经常发生在纵向一体化的条件下。包括第三方支付的纵向合并也主要发生在一体化模式下。虽然在杠杆作用下会发生市场力量的传导和关联竞争问题,但是纵向一体化存在很强的效率特征,在反垄断分析中应考察其效率因素。不仅在经营者集中效果分析中要考察经济效率的效果,而且对捆绑行为、价格歧视行为等进行反垄断法规制时,也要考虑其带来的效率。在效率因素的考量中,还可将合理化原则扩大适用于第三方支付横向垄断协议中。第三方支付行业中出现的横向垄断协议不一定会损害社会福利,如交换费协议,不能简单地加以规制,必须全面考虑其对市场效率的影响,用合理原则进行灵活的分析。第三方支付行业反垄断的救济上采取柔性救济机制较为合理,可以通过第三方支付市场的开放性和支付服务的兼容性来维护市场中的竞争秩序。特别是对传统电子支付产业中银行卡组织及成员银行对第三方支付的对接和开放,可以促进第三方支付行业的发展。

第五,任何法律体系都需要在逻辑上自洽,如果内在冲突无法协调,则必定会带来适用上的混乱。① 由于支付产业的金融抑制,市场管制过度,竞争法长期以来被"空置化",没有发挥作用的空间。在第三方支付行业不但竞争规则被空置,而且政府推行的金融监管措施本身为市场竞争带来诸多问题,特别是维护金融安全、市场准入压制了市场竞争。当前在第三方支付的金融监管与反垄断法规制两方面存在制度的不均衡供给和潜在的供给冲突,金融行业监管与竞争规制之间的冲突关系导致支付产业内的法律呈现出不确定性,支付企业面临这种不确定性所带来的法律风险,而且导致了金融监管政策的制定、实施脱离了促进市场竞争的理念。竞争规制产生作用不仅取决于自身实践,而且取决于与

---

① 参见李剑:《论结构性要素在我国〈反垄断法〉中的基础地位——相对优势地位滥用理论之否定》,载《政治与法律》2009 年第 10 期。

其相互制约的行业监管实施。这就需要关注系统的秩序,在第三方支付金融监管和反垄断规制之间,形成互动并产生有效回应。在这一互动过程中,应坚持竞争政策在第三方支付行业中的普遍性适用,并在此基础上,对金融监管进行竞争评估和审查。

参考文献

一、中文文献

（一）中文专著

1. 曹红辉等:《中国电子支付发展研究》,经济管理出版社 2008 年版。

2. 曹康泰主编:《中华人民共和国反垄断法解读——理念、制度、机制、措施》,中国法制出版社 2007 年版。

3. 陈健:《电子支付法研究》,中国政法大学出版社 2006 年版。

4. 丁茂中:《反垄断法实施中的相关市场界定研究》,复旦大学出版社 2011 年版。

5. 高菲:《论美国反托拉斯法及其域外适用》,中山大学出版社 1993 年版。

6. 古红梅:《纵向限制竞争的反垄断法规制》,法律出版社 2011 年版。

7. 胡甲庆:《反垄断法的经济逻辑》,厦门大学出版社 2007 年版。

8. 黄勇、董灵:《反垄断法经典判例解析》,人民法院出版社 2002 年版。

9. 蒋岩波:《网络产业的反垄断政策研究》,中国社会科学出版社 2008 年版。

10. 金美蓉:《核心卡特尔规制制度研究》,对外经济贸易大学出版社 2009 年版。

11. 孔祥俊:《反不正当竞争法的创新性适用》,中国法制出版社2014年版。

12. 孔祥俊:《反垄断法原理》,中国法制出版社2001年版。

13. 赖源河:《公平交易法新论》,台北,元照出版公司2002年版。

14. 李昌麒主编:《经济法学》,法律出版社2008年版。

15. 李东荣、朱烨东主编:《互联网金融蓝皮书:中国互联网金融发展报告(2015)》,社会科学文献出版社2015年版。

16. 李莉莎:《第三方电子支付法律问题研究》,法律出版社2014年版。

17. 李小明:《滥用市场支配地位》,知识产权出版社2008年版。

18. 刘继峰主编:《反垄断法》,中国政法大学出版社2012年版。

19. 马梅、朱晓明、周金黄、季家友、陈宇:《支付革命互联网时代的第三方支付》,中信出版社2014年版。

20. 牛睿:《反垄断法问题研究》,辽宁大学出版社2010年版。

21. 齐爱民、崔聪聪:《电子金融法研究》,北京大学出版社2007年版。

22. 祁欢:《公共服务业反垄断豁免法律制度研究》,知识产权出版社2013年版。

23. 尚明:《对企业滥用市场支配地位的反垄断法规制》,法律出版社2007年版。

24. 尚明主编:《主要国家(地区)反垄断法律汇编》,法律出版社2004年版,第195页。

25. 石俊华:《反垄断与中国经济发展——转型期中国反垄断政策研究》,经济科学出版社2013年版。

26. 时建中主编:《反垄断法:法典释评与学理探源》,中国人民大学出版社2008年版。

27. 史晋川、董雪兵:《法律·规制·竞争》,经济科学出版社2008年版。

28. 史忠良:《产业经济学》,经济管理出版社1998年版。

29. 宋晶:《纵向一体化反垄断政策研究》,东北财经大学出版社2010年版。

30. 孙晋:《反垄断法——制度与原理》,武汉大学出版社2010年版。

31. 唐要家:《反垄断经济学理论与政策》,中国社会科学出版社2008年版。

32. 王斐民:《反垄断法视野中的中国产业政策》,法律出版社2013年版。

33. 王俊豪:《反垄断与政府管制:理论与政策》,经济管理出版社2009年版。

34. 王仁富:《中国竞争法律体系及其协调性研究》,中国检察出版社2012

年版。
35. 王蜀黔:《电子支付法律问题研究》,武汉大学出版社 2005 年版。
36. 王卫国主编:《金融法学家》(第 5 辑),中国政法大学出版社 2013 年版。
37. 王先林:《中国反垄断法实施热点问题研究》,法律出版社 2011 年版。
38. 王晓晔:《反垄断法与市场经济》,法律出版社 1998 年版。
39. 王晓晔主编:《反垄断法实施中的重大问题》,社会科学文献出版社 2010 年版。
40. 王晓晔主编:《反垄断法中的相关市场界定》,社会科学文献出版社 2014 年版。
41. 王玉辉:《垄断协议规制制度》,法律出版社 2010 年版。
42. 胥莉:《双边市场:企业竞争环境的新视角》,上海人民出版社 2007 年版。
43. 徐晋:《平台经济学:平台竞争的理论与实践》,上海交通大学出版社 2007 年版。
44. 徐士英:《竞争法论》,世界图书出版公司 2007 年版。
45. 徐士英:《竞争政策研究——国际比较与中国选择》,法律出版社 2013 年版。
46. 许光耀主编:《欧共体竞争立法》,武汉大学出版社 2006 年版。
47. 杨彪:《中国第三方支付有效监管研究》,厦门大学出版社 2013 年版。
48. 杨涛、程炼主编:《中国支付清算发展报告(2015)》,社会科学文献出版社 2015 年版。
49. 杨涛主编:《中国支付清算发展报告(2013)》,社会科学文献出版社 2013 年版。
50. 姚保松:《公用企业反垄断法律规制研究》,法律出版社 2014 年版。
51. 叶明:《行业协会限制竞争行为的反垄断法规制》,法律出版社 2010 年版。
52. 张江莉:《反垄断制度与政府管制》,北京师范大学出版社 2011 年版。
53. 张铭洪主编:《网络经济学教程》,科学出版社 2010 年版。
54. 张穹:《反垄断理论研究》,中国法制出版社 2007 年版。
55. 张小强:《网络经济的反垄断法规制》,法律出版社 2007 年版。
56. 章政、田侃主编:《中国信用发展报告(2014 ~ 2015)》,社会科学文献出版社 2015 年版。
57. 郑泰安、郑鈜:《反垄断法律制度研究》,四川人民出版社 2008 年版。

58. 中国电子商务协会编著:《第三方电子支付探索与实践》,中国标准出版社2008年版。

59. 钟志勇:《网上支付中的法律问题研究》,北京大学出版社2009年版。

60. 周曙东主编:《电子商务概论》,东南大学出版社2011年版。

61. 周昀:《反垄断法新论》,中国政法大学出版社2006年版。

(二)英文译著

1. [美]阿瑞达等主编:《反垄断法精析:难点与案例》,中信出版社2003年版。

2. [美]奥利弗·E. 威廉姆森:《反托拉斯经济学——兼并、契约和策略行为》,张群群、黄涛译,经济科学出版社1999年版。

3. [美]博登海默:《法理学》,潘汉典译,法律出版社2015年版。

4. [美]赫伯特·霍温坎普:《联邦反托拉斯政策:竞争法律及其实践》,许光耀、江山译,法律出版社2009年版。

5. [美]基斯·N. 希尔顿:《反垄断法经济学原理和普通法演进》,赵玲译,北京大学出版社2009年版。

6. [美]理查德·A. 波斯纳:《反托拉斯法》,孙秋宁译,中国政法大学出版社2003年版。

7. [英]马赫·M. 达芭:《反垄断政策国际化研究》,肖兴志、丁宁等译,东北财经大学出版社2008年版。

8. [美]马歇尔·C. 霍华德:《美国反托拉斯法与贸易法规》,孙南申译,中国社会科学出版社1991年版。

9. [德]乌尔里希·施瓦尔贝、丹尼尔·齐默尔:《卡特尔法与经济学》,顾一泉、刘旭译,法律出版社2014年版。

10. [英]亚当·斯密:《国民财富的性质和原因的研究》(上卷),郭大力、王亚南译,商务印书馆1981年版。

11. [美]约瑟夫·熊彼特:《资本主义、社会主义与民主》,吴良健译,商务印书馆1999年版。

(三)中文期刊

1. 陈曙光:《国内外第三方电子支付平台的应用与比较》,载《金华职业技术学院学报》2008年第8期。

2. 陈宇:《第三方支付市场发展现状及面临的挑战》,载《经济研究导刊》2012年第15期。

3. 陈越:《经营者集中的反垄断法规制研究——以“谷歌收购案”为例》,载《重庆科技学院学报》(社会科学版)2013 年第 4 期。

4. 陈志武:《网络环境中的不正当竞争行为》,载《中国人民大学学报》2006 年第 2 期。

5. 程贵孙:《平台型产业反垄断规制的理论误区与释疑——基于双边市场理论视角》,载《商业经济与管理》2009 年第 3 期。

6. 程贵孙、陈宏民、孙武军:《双边市场视角下的平台企业行为研究》,载《经济理论与经济管理》2006 年第 9 期。

7. 程贵孙、李银秀:《平台型产业反垄断规制的几个关键问题研究》,载《当代财经》2009 年第 7 期。

8. 程华:《互联网金融的双边市场竞争及其监管体系催生》,载《改革》2014 年第 7 期。

9. 丰翔:《第三方支付企业竞争策略探讨》,载《厦门广播电视大学学报》2009 年第 12 期。

10. 付华、赵丽:《基于双边市场理论的第三方支付竞争研究》,载《商业时代》2013 年第 9 期。

11. 付俊平:《第三方支付对网上银行业务发展的影响探析》,载《金融理论与实践》2012 年第 10 期。

12. 干春晖、闫星宇:《掠夺性定价理论述评》,载《产业经济评论》2003 年第 12 期。

13. 高彩霞、杨国明:《第三方支付价值链及其引发的几点思考》,载《时代金融》2006 年第 5 期。

14. 高剑飞、郑喜喜、童国辉:《第三方支付平台对银行业的“利”与“弊”》,载《北方经济》2013 年第 8 期。

15. 郭岚、张祥建:《基于网络外部性的价值模块整合与兼容性选择》,载《中国工业经济》2005 年第 4 期。

16. 韩蓓、刘佳:《银行卡发卡市场与收单市场的平衡发展:基于双边市场理论》,载《南方金融》2011 年第 3 期。

17. 韩赟、翟丽丽:《基于第三方支付平台的服务联盟模式探究》,载《社会科学家》2008 年第 5 期。

18. 侯利阳、李剑:《免费模式下的互联网产业相关产品市场界定》,载《现代法学》2014 年第 6 期。

19. 胡丽:《互联网企业市场支配地位认定的理论反思与制度重构》,载《现代法学》2013 年第 3 期。

20. 黄勇、蒋潇君:《互联网产业中"相关市场"之界定》,载《法学》2014 年第 6 期。

21. 纪汉霖:《双边市场定价方式的模型研究》,载《产业经济研究》2006 年第 4 期。

22. 江山:《银行支付卡组织的反垄断规制研究》,载《价格理论与实践》2013 年第 5 期。

23. 蒋先玲、徐晓兰:《第三方支付态势与监管:自互联网金融观察》,载《改革》2014 年第 6 期。

24. 李丹:《互联网企业市场支配地位的认定》,载《河北法学》2015 年第 7 期。

25. 李凌:《平台经济发展与政府管制模式变革》,载《经济学家》2015 年第 7 期。

26. 李敏:《借"五力量模型"观第三方支付发展的竞争环境》,载《商场现代化》2010 年第 2 期。

27. 李叶:《捆绑与搭售行为的反垄断质疑——基于市场经济学视角分析》,载《现代管理科学》2013 年第 3 期。

28. 李怡轩:《论横向垄断协议中的联合抵制行为的认定——结合个案从实务视角分析》,载《法制与社会》2015 年第 6 期。

29. 李育林:《第三方支付作用机理的经济学分析》,载《商业经济与管理》2009 年第 2 期。

30. 李育林、张成虎:《基于交易费用理论的第三方电子支付效率研究》,载《中国信用卡》2005 年第 4 期。

31. 梁云:《第三方支付企业间的竞争和发展分析》,载《特区经济》2007 年第 10 期。

32. 林丹、张睦晗:《简析第三方支付企业的商业模式、营销模式、运行模式的解析》,载《商业文化》2011 年第 4 期。

33. 林翔:《互联网时代媒体经济发展研究——基于平台经济理论》,武汉大学 2013 年博士学位论文。

34. 刘凡、刘天威:《第三方支付机构与商业银行在零售支付领域电子支付利益链价值探讨》,载《财经界》2012 年第 8 期。

35. 刘和平:《欧美并购控制法实体标准比较研究》,载《法律科学》(西北政法学院学报)2005 年第 1 期。

36. 刘洪波:《论网上银行与第三方支付平台的竞合关系》,载《商业时代》2009 年第 34 期。

37. 刘乃梁:《银行业反垄断规制的冲突及其协调》,载《法商研究》2019 年第 1 期。

38. 刘淑娥、张伟芹:《北京市第三方支付产业竞争格局及对策分析》,载《北京财贸职业学院学报》2014 年第 4 期。

39. 刘旭:《中欧垄断协议规制对限制竞争的理解》,载《比较法研究》2011 年第 1 期。

40. 刘燕、吴凡:《银行与第三方支付平台企业的微妙关系——合作与竞争》,载《商业文化》(学术版)2007 年第 5 期。

41. 吕复星:《移动支付与第三方支付市场业务多元化发展战略》,载《特区经济》2014 年第 1 期。

42. 吕明瑜:《网络产业中市场支配地位认定面临的新问题》,载《政法论丛》2011 年第 5 期。

43. 吕西萍:《对第三方网上支付规则的法律思考——以支付宝为例》,载《科技与法律》2008 年第 6 期。

44. 马永保:《第三方互联网支付经济法规制研究》,安徽大学 2014 年博士学位论文。

45. 毛志斌:《第三方支付平台与商业银行间竞合关系浅析》,载《管理观察》2010 年第 11 期。

46. 孟雁北:《产业政策公平竞争审查论》,载《法学家》2018 年第 2 期。

47. 潘丽红:《几种电子支付方式的比较研究》,载《天津职业院校联合学报》2013 年第 12 期。

48. 钱弘道、杜维超:《法治评估模式辨异》,载《法学研究》2015 年第 6 期。

49. 秦文瑞、苏小琳:《我国第三方支付与银行的关系探析——以支付宝为例》,载《技术与市场》2009 年第 9 期。

50. 曲振涛、周正、周方召:《网络外部性下的电子商务平台竞争与规制——基于双边市场理论的研究》,载《中国工业经济》2010 年第 2 期。

51. 容玲:《第三方支付平台定价策略研究——基于双边市场视角》,载《新金融》2012 年第 6 期。

52. 容玲:《第三方支付平台竞争策略与产业规制研究》,复旦大学 2012 年博士学位论文。

53. 商海岩、张松松:《网络外部性对第三方支付的锁定效应:基于双边市场的分析》,载《理论探讨》2013 年第 6 期。

54. 尚秀芬、陈宏民:《双边市场特征的企业竞争策略与规制研究综述》,载《产业经济研究》2009 年第 2 期。

55. 沈红也:《浅谈第三方支付产业的市场竞争》,载《经营管理者》2009 年第 7 期。

56. 盛敏、余寅君、迟飞:《我国中间支付市场发展研究综述》,载《中国城市经济》2010 年第 8 期。

57. 石达:《公平竞争审查视角下产业政策与竞争政策的协调机制研究》,载《市场周刊》2019 年第 8 期。

58. 史际春、罗伟恒:《论“竞争中立”》,载《经贸法律评论》2019 年第 3 期。

59. 谭卡吉:《第三方支付发展现状与问题研究》,载《金融与经济》2012 年第 4 期。

60. 谭润沾:《银行支付业务的战略重要性:基于第三方支付发展的视角》,载《南方金融》2010 年第 1 期。

61. 唐未兵、刘巍:《网络产业的联盟结构研究》,载《中国工业经济》2004 年第 5 期。

62. 田明君:《经营者集中的反垄断理论与政策》,载《中国物价》2013 年第 6 期。

63. 王菲菲:《第三方支付产业价值链探析》,载《电子支付》2009 年第 1 期。

64. 王缓缓、杨东、胡斌:《移动支付价值链竞合策略的博弈分析》,载《武汉理工大学学报》(信息与管理工程版)2013 年第 6 期。

65. 王健:《搭售法律问题研究——兼评美国微软公司的搭售行为》,载《法学评论》2003 年第 2 期。

66. 王凯风:《浅探我国第三方网络支付行业的市场结构问题》,载《金融与经济》2012 年第 9 期。

67. 王乐鹏、李春丽、王颖:《第三方支付竞争格局和策略研究》,载《电子商务》2011 年第 11 期。

68. 王黎黎、杨建磊、罗斌:《掠夺性定价行为的异化及其竞争策略研究》,载《经济与管理》2007 年第 3 期。

69. 王先林:《论滥用市场支配地位行为的法律规制——〈中华人民共和国反垄断法(草案)〉相关部分评析》,载《法商研究》2007 年第 4 期。

70. 王晓晔:《必要标准专利反垄断诉讼问题研究》,载《中国法学》2015 年第 6 期。

71. 王信川:《第三方支付:错位竞争方能避免趋同》,载《经济日报》2013 年 1 月 28 日。

72. 王玉雄、刘淑娥:《国外零售支付清算机构的发展趋势与启示》,载《金融电子化》2009 年第 6 期。

73. 王哲、周均旭:《我国第三方支付的发展现状与对策研究》,载《改革与战略》2011 年第 8 期。

74. 魏华:《论经营者集中审查的实体性标准》,载《河南师范大学学报》(哲学社会科学版)2013 年第 1 期。

75. 吴汉洪、孟剑:《双边市场理论与应用述评》,载《中国人民大学学报》2014 年第 2 期。

76. 吴晓光、陈捷:《第三方支付机构的市场细分浅析》,载《武汉金融》2011 年第 2 期。

77. 谢凯:《POS 支付和网上支付市场结构分析》,载《中国金融》2013 年第6 期。

78. 熊艳:《产业组织的双边市场理论——一个文献综述》,载《中南财经政法大学学报》2010 年第 4 期。

79. 徐晋、张祥建:《平台经济学初探》,载《中国工业经济》2006 年第 5 期。

80. 许光耀:《价格歧视行为的反垄断法分析》,载《法学杂志》2011 年第 11 期。

81. 许明、王珊珊:《第三方支付市场发展与监管问题研究》,载《人民论坛》2013 年第 2 期。

82. 颜白鹭:《支付宝等第三方支付平台与银行的竞争与合作》,载《南通职业大学学报》2009 年第 9 期。

83. 杨东:《互联网金融风险规制路径》,载《中国法学》2015 年第 3 期。

84. 杨飞、唐绍雍:《第三方支付的崛起》,载《中国城市金融》2011 年第 9 期。

85. 杨国明:《第三方支付经营模式探析》,载《金融信息化论坛》2006 年第 4 期。

86. 杨国明:《网络支付产业链分析》,载《东南大学学报》(哲学社会科学版)2006 年第 6 期。

87. 杨文明:《论互联网企业市场支配地位认定的非结构因素》,载《河北法学》2014 年第 12 期。

88. 杨文明:《网络经济中相关市场的界定》,载《西南政法大学学报》2012 年第 8 期。

89. 杨兴凯、张笑楠:《电子商务中的第三方支付比较分析》,载《商业研究》2008 年第 5 期。

90. 杨茵:《支付机构与商业银行在零售支付领域的竞争与合作》,载《南方金融》2011 年第 12 期。

91. 叶高芬:《认定违法价格歧视行为的既定框架及其思考》,载《法商研究》2013 年第 6 期。

92. 叶明:《互联网行业市场支配地位的认定困境及其破解路径》,载《法商研究》2014 年第 1 期。

93. 尹建国:《我国网络信息的政府治理机制研究》,载《中国法学》2015 年第 1 期。

94. 游钰:《论联合抵制的法律规制》,载《河北法学》2008 年第 3 期。

95. 余景美:《网络不正当竞争行为的法律适用与立法完善》,载《经济师》2006 年第 11 期。

96. 袁日新:《互联网产业经营者集中救济的适用》,载《河北法学》2014 年第 1 期。

97. 岳中刚:《双边市场的定价策略及反垄断问题研究》,载《财经问题研究》2006 年第 8 期。

98. 张白沙、方宁珊:《统一、竞争与限制——技术标准化的反垄断规制》,载《法制与社会》2014 年第 12 期。

99. 张花妮:《第三方支付平台双边市场特征的刻画》,载《中国城市经济》2011 年第 23 期。

100. 张靖:《论对纵向垄断协议的规制》,载《湖南师范大学社会科学学报》2008 年第 6 期。

101. 张雷:《论我国纵向垄断协议构成的认定》,载《法制与社会》2014 年第 9 期。

102. 张泸:《第三方支付业务需差异化竞争》,载《中国金融》2013 年第

10 期。

103. 张述平、杨国明:《第三方支付竞争策略创新》,载《电脑知识与技术》2006 年第 6 期。

104. 张素伦:《欧盟互联网行业反垄断政策及对我国的启示》,载《赤峰学院学报》(汉文哲学社会科学版)2013 年第 4 期。

105. 赵东东:《第三方支付市场需要公平竞争》,载《经济参考报》2013 年 8 月 29 日。

106. 周汉华:《论互联网法》,载《中国法学》2015 年第 3 期。

107. 周元英:《中国"第三方支付"亟待产业整合》,载《上海信息化》2011 年第 3 期。

二、英文文献

(一)英文专著

1. Ariel Ezrachi, *EC Competition Law: An Analytical Guide to the Leading Cases*, Oxford and Portland, Oregon, 2008.

2. *Antitrust Evidence Handbook*, ABA. American Bar Association, 2002.

3. Bork, *Antitrust Paradox: A Policy at War with Itself*, Basic Books, 1978.

4. Ernest Gellhorn, William E. Kovacic, *Stephen Calkins: Antitrust Law and Economics*, Thomson West, 2004.

5. E. Thomas Sullivan, Herbert Hovenkamp, *Antitrust Law Policy and Procedure: Cases, Materials, Problems*, Fifth Edition, LexisNexis, 2003.

6. E. Thomas Sullivan, Herbert Hovenkamp, Howard A. Shelanski, *Antitrust Law, Policy and Procedure: Case, Materials, Problems* (6th ed.), LexisNexis, 2009.

7. *Federal Antitrust Development*, ABA, American Bar Association, 2007.

8. *Handbook on Antitrust Grand Jury Investigations*, ABA, Handbook, American Bar Association, 2002.

9. *Irving Scher*, *Antitrust adviser* (4th ed.), Thomson West, 2003.

10. *Issues in competition law and policy* (Volume Ⅲ), American Bar Association, August 16. 2009.

11. J. K. Galbraith, *American Capitalism: The Concept of Countervailing*

Power, Houghton Mifflin, New York, 1952.

12. J. Thomas Rosch, *Observation on Evidentiary Issues in Antitrust Cases*, Federal Trade Commission Workshop lecture, 2009.

13. Lennart Ritter, W. David Braun, *European Competition Law—A Practitioner's Guide*, Kluwer Law International, 2004.

14. Michael A. Utton, *Market Dominance and Antitrust Policy*, Edward Elgar Publishing, 2003.

15. Navarro Varona, Edurne, Font, Andres, Folguera, Jaimeand Briones, Juan (eds), *Merger Control in the European Union: Law, Economics and Practice* (2nd ed.), OUP, 2005.

16. Posner, *Antitrust: An Economic Perspective*, University of Chicago Press, 1977.

17. Phillip Areeda, Herbert Hovenkamp, *Fundamentals of Antitrust Law*, Aspen Publishers Online, 2011.

18. Richard Whish, *Competition Law*, Fifth Edition, LexisNexis UK, 2003.

19. *State Antitrust Enforcement Handbook*, ABA, American Bar Asssociation, 2008.

20. Schneider, G., *Electronic Commerce*, 9th ed., Cengage, 2011.

21. Turban, E., Lee, J. K., King, D., Liang, T. P., and Turban, D., *Electronic Commerce: A Managerial Perspective*, 6th ed., Prentice Hall, 2010.

22. William C. Holmes, Dawn E. Holemes, *Antitrust Law Sourcebook for the United States and Europe*, Thomson West, 2006.

23. Wayner P., *Digital Cash-commerce on the Net*, 2nd ed. Boston (MA): AP Professional, 1997.

24. Rohlfs, J. H., *Bandwagon Effects in High-Technology Industries*, MIT Press, Cambridge, MS, 2001.

(二)英文期刊

1. Amelio, Andrea & Jullien, Bruno, "Tying and Freebies in Two-sided Markets", *International Journal of Industrial Organization*, 2012, Vol. 30(5).

2. Wright J., "One-sided Logic in Two-Sided Markets", *Review of Network Economics*, 2004, Vol. 3(1).

3. Argentesi E. and Filistrucchi L., "Estimating Market Power in a Two-sided

Market: The Case of Newspapers", *The Journal of Applied Econom.* 2007, Vol. 22(7).

4. Bruno Jullien, "Competition in Multi-sided Markets: Divide and Conquer", *American Economic Journal: Microeconomics*, American Economic Association, 2011(11), Vol. 3(4).

5. Bruno Jullien, "Two-Sided Markets and Electronic Intermediaries", CESifo Working Paper Series 1345, CESifo Group Munich, 2004.

6. Bolt W. and A. Tieman, "Social Welfare and Cost Recovery in Two-Sided Markets", IMF Working Paper, 2005.

7. Beijinen, C., W. Bolt, "Size Matters, Economics of Scale in the European Payment Processing", *Journal of Banking and Finance*, 2009, Vol. 33(2).

8. Bernard Caillaud and Bruno Jullien, "Chicken&Egg: Competition Among Intermediation Service Providers", *RAND Journal of Economics*, 2003, Vol. 34(2).

9. Calzada. J. and T. Valletti, "Network Competition and Entry Deterrence", *Economic Journal*, 2008, Vol. 118.

10. Brits, H., and C. Winder, "Payments Are No Free Lunch, DNB Occasional Study", *De Nederlandsche Bank*, 2005, Vol. 3(2).

11. Chakravorti, S. and R. Roson, "Platform Competition in Two-Sided Markets: The Case of Payment Networks", *Review of Network Economics*, 2006, Vol. 5(1).

12. Competition Commission, "Amicable Settlement in the Case of the Investigation under Article 27 of the Federal Act on Cartels and Other Restraints of Competition-Interchange Fees", *Switzerland*, 2005.

13. Caillaud, Bernard & Jullien, Bruno, "Competing cybermediaries", *European Economic Review*, 2001, Vol. 45(5).

14. Carlton, D. W. and A. S. Frankel, "The Antitrust Economics of Payment Card Networks", *Antitrust Law Journal*, 1995, Vol. 63.

15. Wright, Julian, "Optimal Card Payment Systems", *European Economic Review*, 2003(8), Vol. 47(4).

16. Carlton, D. and Waldman, M., "The Strategic Use of Tying to Preserve and reate Market Power in Evolving Industries", *RAND Journal of Economics*, 2002.

17. David S. Evans, " The Antitrust Economics of Multi-Sided Platform Markets", *Yale Journal on Regulation*, 2003, Vol. 325.

18. David S. Evans, Michael Noe, " Defining Antitrust Markets when Firms Operate Two-sided Platforms", *Columbia Business Law Revie*, 2005.

19. David S. Evans and Noel, M., " The Analysis of Mergers that Involve Multisided Platform Businesses", *Journal of Competition Law and Economics*, 2008, Vol. 4(3).

20. David S. Evans, " Antitrust Issues Raised by the Emerging Global Internet Economy", *Northwestern University Law Review Colloquy*, 2008.

21. David S. Evans, " Some Empirical Aspects of Multi-sided Platform Industries", *Review of Network Economics*, 2003, Vol. (9).

22. David S. Evans & Richard Schmalensee, " The Antitrust Analysis of Multi-Sided Platform Businesses", *National Bureau of Economic Research*, 2013.

23. David A. Balto, " Emerging Antitrust Issues in Electronic Commerce", *Journal of Public Policy & Marketing*, 2000, Vol. 19(2).

24. Whinston M D. Tvine, " Foreclosure and Exclusion", *American Economic Review*, 1990, Vol. 80(4).

25. David S. Evans, " The Antitrust economics of Two-Sided Markets", *Yale Journal on Regulation*, 2003, Vol. 20(3).

26. European Commission, " Green Paper: Towards an Integrated European Market for Card, Internet and Mobile Payments", COM (2011) 941, available at http://eur-lex. europa. eu/LexUriServ/LexUriServ. do? uri = COM:2011:0941:FIN:EN:PDF(accessed 6th May, 2013).

27. Economides, Nicholas & Tåg, Joacim., " Network Neutrality on the Internet: A Two-sided Market Analysis", *Information Economics and Policy*, 2012, Vol. 24(2).

28. Emilio Calvano & Bruno Jullien, " Issues in On-line Advertising and Competition Policy: A Two-sided Market Perspective", Working Papers 427, *Innocenzo Gasparini Institute for Economic Research*, Bocconi University, 2011.

29. Filistrucchi L., Geradin D. and van Damme, E., " Identifying Two-Sided Markets", *World Competition*, 2013, Vol. 36(1).

30. Farrell, J., " Efficiency and Competition between Payment Intruments",

Review of Network Economics, 2006, Vol. 5(1).

31. Frankel, A. S., "Monopoly and Competition in the Supply and Exchange of Money", *Antitrust Law Journal*, 1995.

32. Gans Joshua S. and Stephen P. King, "Approaches to Regulating Interchange Fees in Payment Systems", *Review of Network Economics*, 2003(6), Vol. 2.

33. Gans, J., "Evaluating the Impact of the Payment System Reform", *Submission to the RBA Review of Payment System Reforms*, 2007.

34. Gans, J. and S. King, "The Neutrality of Interchange Fees in Payment Systems", *Topics in Economic Analysis and Policy*, 2003, Vol. 3(1).

35. Humphrey, Willeson, Lindblom and Bergendahl, "What does it Cost to Make a Payment", *Review of Network Economics*, 2003, Vol. 2(1).

36. Hanna Halaburda & Yaron Yehezkel, "Platform Competition under Asymmetric Information", *American Economic Journal: Microeconomics*, American Economic Association, 2013, Vol. (8).

37. Hagiu and J. Wright, "Multi-Sided Platforms", Working Paper No. 12 – 024, Harvard Business School, Boston, October 2011.

38. Jullien, Bruno & Pavan, Alessandro, "Platform Pricing under Dispersed Information", Institutd'Économie Industrielle(IDEI), Toulouse, 2013.

39. Julian Wright, "Why Payment Card Fees are Biased Against Retailers", *RAND Journal of Economics*, RAND Corporation, 2012(12), Vol. 43(4).

40. Jay Pil Choi, "Tying in Two-side Markets with Multi-homling", *Journal of Industrial Economics*, Wiley Blackwell, 2010(9), Vol. 58(3).

41. Javier Santamaría, "The Emergence of New Payment Service Providers and their Impact on the Regulatory and Marketenvironment", *Journal of Payments Strategy & Systems*, 2014, Vol. 8(4).

42. Mark Armstrong, "Competition in Two-sided Markets", *RAND Journal of Economics*, RAND Corporation, 2006(9), Vol. 37(3).

43. Mann, Ronald J. & J. K. Winn, "Electronic Commerce", *Aspen Law & Business*, New York, 2003.

44. Mantel, B. & T. McHugh, "Changing E-Payment Networks in the U. S.: The Strategic, Competitive & Innovative Implications", *Payment Systems Worldwide* (Spring 2002), 1 – 15.

45. Mester, L. J., "The Changing Nature of the Payments System: Should New Players Mean New Rules?", *Federal Reserve Bank of Philadelphia Business Review* (Mar./Apr. 2000), 3 – 26.

46. Michael L. Katz, "Antitrust in Software Market, Progress and Freedom Foundation Conference, Competition, Convergence and the Microsoft Monopoly", February 5, 1998, p. 15.

47. Mark A. Jamison, "Network Externalities, Mergers, and Industry Concentration", http://citeseerx. ist. psu. edu/viewdoc/download? doi = 10. 1. 1. 203. 902&rep = rep1&type = pdf.

48. Nalwbuff B., "Bundling as an Entry Bamer, Quarterly Journal of Economies", 2004, p119.

49. Özlem Bedre-Defolie & Emilio Calvano, "Pricing Payment Cards", *American Economic Journal: Microeconomics*, *American Economic Association*, 2013, Vol. 5(3).

50. Parker. G. G. and van Alstyne. M. W., "Two-sided Network Effects: A Theory of Iinformation Product Design, Management Science", 2005, Vol. 51(10).

51. Qihong Liu & Konstantinos Serfes, "Price Discrimination in Two-Sided Markets, Journal of Economics & Management Strategy", 2013, Vol. (12).

52. Rochet J. and J. Tirole, "Cooperation Among Competitors: Some Economics of Payment Card Associations", *RAND Journal of Economics*, 2002, Vol. (3).

53. Reisinger, Markus, "Two-part Tariff Competition between Two-sided Platforms", *European Economic Review*, 2014, Vol. 68(C).

54. Renato Gomes & Alessandro Pavan, "Cross-Subsidization and Matching Design, Discussion Papers 1559", Northwestern University, Center for Mathematical Studies in Economics and Management Science, 2013.

55. Rochet, J. C. and J. Tirole, "Cooperation among Competitors: The Economics of Payment Card Associations", *Rand Journal of Economics*, 2002, Vol. 33(4).

56. Rochet, J. C. and J. Tirole, "Platform Competition in Two-Sided Markets, Journal of the European Economic Association", 2003, Vol. 1(4).

57. Rochet Jean-Charles & Tirole Jean, "An Economic Analysis of the Determination of Interchange Fees in Payment Card Systems", *Review of Network*

Economics,2003(6),Vol. 2(2).

58. Rochet,J. C. and J. Tirole,"Two-Sided Markets:A Progress Report",*Rand Journal of Economics*,2006,Vol. 37(3).

59. Rochet,J. C. and J. Tirole,"Tying in Two-Sided Markets and the Impact of the Honor All Cards Rule",mimeo TSE,2006.

60. Rochet,J. C. and J. Tirole,"Externalities and Regulation in Card Payment Systems",*Review of Network Economics*,2006,Vol. 5(1).

61. Schmalensee, R., "Payment Systems and Interchange Fees", *Journal of Industrial Economics*,2002,Vol. 50(2).

62. Rochet, J. Tirole, J., "Defining Two-sided Markets", Mimeo, IDEI, University de Toulouse,2004.

63. Rossella Argenziano, "Differentiated Networks: Equilibrium and Efficiency",*RAND Journal of Economics*,RAND Corporation,2008,Vol. 39(3).

64. Round Table on Two-Sided Markets-Note by the Delegation of the European Commission,Document no:DAF/COMP/WD(2009)69.

65. Spiotto,A. & B. Mantel,"Rethinking Business:Electronic Bill Payment and Presentment and Aggregation",ABA Bank Compliance(May/June 2001).

66. S. S. Sriram,Puneet Manchanda,Mercedes Esteban-Bravo,Junhong Chu, Liye Ma, Minjae Song, Scott Shriver and Upender Subramanian, "Platforms: A Multiplicity of Research Opportunities",*Marketing Letters*,2015. Vol. 26.

67. Weinberg,John A., "The Organization of Private Payment Networks", Federal Reserve Bank of Richmond Economic Quarterly(Spring 1997).

68. Stefan Gonggrijp,Max Geerling and Piet Mallekoote,"Successful Introduction of New Payment Methods through 'Co-opetition'",*Journal of Payments Strategy & Systems*,2013,Vol. 7(2).

69. Thomas Hoehn,Suzanne Rab and Grant Saggers,"Breaking Up is Hard to Do: National Merger Remedies in the Information and Communication Industries", *E. C. L. R.*,2009,30(5).

70. Vickers,John, "Public Policy and the Invisible Price: Competition Law, Regulation,and the Interchange Fee,paper presented at a Conference Interchange Fees in Credit and Debit Card Industries: What Role for Public Authorities?", Federal Reserve Bank of Kansas City,Santa Fe,New Mexico,May 4 - 6,2005.

71. Wang Yu, "The Definition of Payment Service Relevant Market Under the Perspective of Antimonopoly", *Canadian Social Science*, 2015, Vol. 11(2).

72. Zhu Wang, "Market Structure and Credit Card Pricing: What Drives the Interchange", Payments System Research Working Paper PSR WP 06 - 04. Federal Reserve Bank of Kansas City, 2006.

后　记

本书是在我的博士学位论文基础上吸收新近研究成果修改完成的。自完成博士学位论文以来，一直想尽快修订出版，但是琐事牵绊，时至今日才能付诸笔端，时间却已经过了4年。本书虽仍有遗憾，但从充满期待到最终成书，终是所归。

我在对外经济贸易大学攻读博士期间，时值互联网金融兴起及第三方支付蓬勃发展之初，由于对“WTO中国银联与Visa争端案”的关注，我随后研究关注支付市场这样一个金融领域的垄断问题。后来我关注到第三方支付在触及传统金融支付产业过程中引发的诸多热点事件，对第三方支付领域的垄断问题产生了浓厚的兴趣。彼时，我已在美国爱荷华大学做访问学者，当时美国反垄断领域对互联网产业反垄断问题的研究如火如荼，我在研究互联网产业中有关反垄断的特殊问题时发现，第三方支付产业与互联网产业存在交叉，研究中既有共性问题也有个性问题，深受启发，遂开始对第三方支付行业中的反垄断问题进行研究，终形成本书内容。

在对“第三方支付行业反垄断法律规制研究”过程中，得到了许多反垄断领域的前辈与同仁的指导和帮助，在此表示衷心的感谢。特别感谢恩师黄勇教授的悉心指导，感谢老师为培养我所付出的辛劳和心力。同时，也感谢对外经济贸易大学竞争法中心全体成员的鼎力支持。

感谢在爱荷华大学研究期间所有给予我指导和帮助的老师们，特别要感谢在美期间的指导老师 Herbert Hovenkamp 教授，在研究过程中给我的无私指点和提出的宝贵意见。

本书是在对外经济贸易大学竞争法中心、兰州财经大学法学院的大力支持下才得以最终出版，在此表示衷心的感谢。

特别感谢我的家人，给我努力向前的勇气和信念。感谢妈妈，给我坚定和自信。感谢父亲，一生教导，让我成为自己，畏惧，又无所畏惧。感谢姐姐、弟弟给我无微不至的关怀和照顾。感谢先生为我遮风挡雨，应对生活的种种压力。还有可爱的昌昌，带给我欢乐和爱，是我力量的源泉。

感谢生命，和生命中的你们。

杨利华
2021 年 7 月 28 日
兰州财经大学